讲给孩子的
科学通识课

植物与环境

童 心 / 编著

化学工业出版社

·北京·

图书在版编目（CIP）数据

讲给孩子的科学通识课 . 植物与环境 / 童心编著 . —北京：化
学工业出版社，2023.11
ISBN 978-7-122-44108-9

Ⅰ . ①讲… Ⅱ . ①童… Ⅲ . ①科学知识 - 儿童读物②植物 - 儿
童读物③环境保护 - 儿童读物 Ⅳ . ① Z228.1 ② Q94-49 ③ X-49

中国国家版本馆 CIP 数据核字（2023）第 174226 号

责任编辑：史　懿　　　　　　　　　装帧设计：刘丽华
责任校对：宋　玮

出版发行：化学工业出版社（北京市东城区青年湖南街13号　邮政编码 100011）
印　　装：天津图文方嘉印刷有限公司
710mm×1000mm 1/16 印张10　字数150千字　2024年1月北京第1版第1次印刷

购书咨询：010-64518888　　　　　　售后服务：010-64518899
网　　址：http://www.cip.com.cn

定　　价：49.80元

科学早知道

植物几乎生长在世界的所有角落，一花一草一树，看似平凡却蕴藏着无数神奇。它们随着季节变化或生长或枯萎，默默地装点了荒凉的大地，同时也构成了人类赖以生存的生态环境。不过，对于它们你到底了解多少呢？

你见过一朵黑色的花吗？你知道植物的"鼻孔"在哪里吗？你知道人类每天呼吸的氧气是怎么制造出来的吗？你知道一片王莲的叶子为什么能托起一个孩子吗？为什么豚草会被称为"植物杀手"呢？……丰富奇妙的植物王国有太多太多的秘密，在本书中将为大家一一揭晓。本书插图有趣，设计精美，语言生动，不仅包括全世界上百个典型的植物问答，同时也有针对现代社会日益严重的生态环境问题。通过阅读这本书，相信每一位小读者都能具备基本的植物通识，并激发出对植物的探索和保护的热情。

无论在繁华的都市，还是安静的郊外；无论在炙热荒凉的沙漠，还是素裹银白的寒冷极地，植物都在用自己的语言为人类装点着世界，而人类也因此拥有了美好的生活环境。现在，请一起爱护环境，保护环境吧！

童　心

2023年9月

目录

第2章 美丽的花花草草 / 36

第3章 香喷喷的植物可以吃 / 70

第4章 英俊挺拔的大树 / 101

第5章 环境保护 / 121

为什么说是植物养活了我们？

对于我们来说，吃饭是生活当中必不可少的程序。因为只有吃了饭，我们才能有精力跑跑跳跳，才能有更好的精神去学习。那小朋友们仔细想想，我们吃的都是什么呢？对啦，有米饭、面条、蔬菜、水果，还有各种各样的肉类和豆制品。

现在我们要思考一下了，这些食物都有什么共同点呢？没错，它们都是从植物转化而来的。你们看，我们吃的水果、蔬菜和粮食，是不是都来自植物呢？而我们吃的羊肉、牛肉等都来自动物，要知道，这些动物也是吃植物来维持生命的！

大自然当中有着一条天然的食物链，小兔子等动物，都是"素食主义者"，植物保障它们的生命。而它们因为弱小，又成了老虎、豹子和狼等食肉动物的食物。

所以说，要是追根溯源的话，这些食肉动物也是因为植物才能活在世界上的呢！

所以说，是植物养活了我们。

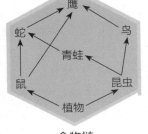

食物链

1

植物在地球上存在多少年了？

在人类没有诞生以前，植物就生活在地球上了。那么植物存在多少年了呢？

科学家们研究得出，早在25亿年前，植物就已经存在了。地球上最原始的植物属于菌类和藻类，其中藻类长得最茂盛。过了20亿年左右的时间，藻类离开了水域，登上了陆地，进化为蕨类植物。可惜的是，1亿多年后，很多蕨类植物灭绝，石松类、种子类、真蕨类等植物成为陆地植物的主流，形成一片片沼泽森林。又过了很多年，裸子植物开始兴起，不仅进化出了花粉管，还长成了茂密的森林。

直到1.45亿年前，被子植物才出现，它很快代替了裸子植物，成为植物王国中的霸主。小朋友们，咱们现在看到的杨树、柳树等，都是从很多年前进化而来的哦！

植物真的能净化空气吗？

空气是人类生存的基本条件之一，少了它，人类将会死亡。空气就在我们身边，它无色、无味、无形状。不过，每当下雨后，空气都格外清新，仔细闻闻，里面还夹杂着植物和泥土的气息呢！那清新的空气闯进嘴里，我们仿佛就在咀嚼纯天然植物一样。

如果仔细观察，我们会发现，不论是街道两旁，或者室内，人们总喜欢种植植物。那么，小朋友们，你们觉得植物真的能净化空气吗？

植物内含有叶绿素，可以进行光合作用。那什么是光合作用呢？其实就是植物的叶子能够吸收空气中的二氧化碳，在酶的辅助下，通过和水反应，产生糖、各种氨基酸和氧气等物质。这样，空气中氧气量增加，空气质量自然也提高啦！虎尾兰、芦荟、吊兰、龟背竹、一叶兰等植物是纯天然的清洁工，它们可以吸收空气中的有害物质。研究表明，吊兰和虎尾兰能够吸收约10平方米房间内80%以上的有害气体，芦荟能够吸收1立方米空气中90%的甲醛。所以说，植物真的是净化空气的能手呢！

森林里为什么冬暖夏凉？

夏季，烈日炎炎，人们会不自觉地走到大树下，然后顿时感觉到凉意。如果走进大森林内，会觉得更加凉爽哦！到了冬季，白雪皑皑，那冷冽的狂风冻得人瑟瑟发抖。不过，大森林内却温暖如春。小朋友们，你们知道大森林为什么有这种奇特的现象吗？

原来，在夏天，森林植物在进行光合作用时会吸收许多太阳光能，植物蒸腾作用也很强烈。于是，植物内部的水会以气体的形式扩散到空气中，这不仅增加了空气的湿度，也使大气气温升高缓慢呢！同时，树叶表面的蜡质可以反射光线。这么多降热措施集中起来，夏季的森林又怎么能不凉爽呢！

到了冬季，叶子大片地脱落，使得反射作用减弱，森林的温度自然升高啦！此外，光合作用也减弱了，所以森林吸收二氧化碳的数量减少。这样一来，森林中的温度就比外面高了。

好凉爽！

③

森林中为什么白天比晚上氧气多？

在不同的时间走进森林，人的感受是不同的。小朋友们，如果你们白天去森林，会觉得空气十分新鲜，但是晚上进入森林后，会有头昏的感觉。那是因为森林中白天的氧气比晚上多，那么造成这种差异的原因是什么呢？

科学家研究发现，植物白天与晚上的生理活动是完全不同的。我们人类是白天工作，晚上休息，植物也是如此，白天在光合作用下，那么拼命地吸收二氧化碳，释放出氧气，晚上当然得休息啦！要是一直持续工作，怎么能吃得消呢？所以，白天时，森林内的氧气特别多。

不过，森林植物们在晚上干些什么呢？是呼呼大睡，还是窃窃私语？咱们走进大森林瞧一瞧。原来，植物在晚上无法进行光合作用，只能进行呼吸作用。与人类一样，它们吸走了氧气，呼出了二氧化碳。所以，晚上时，森林内的氧气特别少。

为什么森林地区爱下雨？

给森林地区的内外划一条分界线，你会发现一个有趣的现象，那就是森林内老爱下雨。这是因为植物的根会吸收大量地下水分，再通过蒸腾作用把水分散发到空中。当空中的大量水汽凝结后，就形成了降雨。森林中的植物茂盛，自然降雨就多啦！

植物需要睡觉吗？

人类要睡觉，动物要睡觉，那么植物要不要睡觉呢？

小朋友们，如果你们的卧室内养了很多盆栽，会发现这样一个现象，白天的时候室内空气清新，而晚上睡觉时空气却有些混浊。这是什么原因呢？其实啊，这是因为白天植物在工作，晚上则在"打呼噜"睡觉呢。

有一些植物，咱们看不出它在睡觉，比如大树，但研究表明，大树白天进行光合作用，而晚上进行呼吸作用，所以，它也是在睡觉呢！有一些植物作息就比较明显了，比如睡莲，早晨的时候它会舒展花瓣，好像伸着懒腰睡醒了似的，傍晚时，它的花瓣又合拢了，好像打着哈欠准备睡觉了。一些迟睡的人，我们把他们称为"夜猫子"，植物里也有"夜猫子"呢！比如茉莉花，它总是傍晚开放，隔天早上闭合。

其实啊，植物们都会睡觉，只是睡觉的方式、时间不同。所以，咱们不能在植物们睡着的时候去打扰它们哦。

智慧大本营 ⬆

有一种叫作"红三叶草"的植物，它生长在野外，开着紫色的小花，长着3片小叶子。每当太阳升起时，它的叶片就会舒展开来，到了傍晚时，叶子又会合拢垂下，准备呼呼大睡呢！

植物为什么会知道春天来了？

人类和动物能感觉出气温的变化，植物也有这个本领！它们能知道春天有没有来哦！这是为什么呢？

原来呀，植物的种子里面都有胚芽，胚芽在寒冷的季节经过低温储存能量后，能够感觉气温的高低或者日照的长短，以此判断出季节。而长叶子的植物，能够根据白天黑夜的长短来判断季节，当春季来临前，植物会分泌出一种能促进花芽形成的物质。等到春天来了，植物们的花儿会争先恐后地开放。

5

寒冷的南北极有植物吗?

南极是一片陆地,它被厚厚的冰层覆盖着;北极是一片冰地,实际上它是海洋上漂浮着的一块巨大的冰层。大家都知道南北极十分严寒,有着北极狐、北极熊、企鹅等动物,但对是否生长着植物这个问题还半知半解。

在南北极边缘地区有许多高等植物。因为气候原因,这些植物都有一个共性,就是茎和叶都紧紧地贴在地面,目的是增加承受积雪的能力。南北极的夏季是短暂的,不过我们依旧能看到植物开花结果的过程,甚至还能看到百花盛开的景象呢!

植物也喜欢听音乐吗?

美妙的音乐是人们生活中的重要调味剂,可你们知道吗,植物也是非常喜欢听音乐哦!

印度有一位科学家,他每天都对着自己院子里的植物拉小提琴,结果发现,院子里的植物总是长得比院子外的植物快。后来,他又每天拉小提琴给早稻听,结果稻子长得又高又壮。于是,他得出结论,植物是喜欢听音乐的。

虽然植物爱听音乐,但它们欣赏不出音乐的优美。科学家们认为,植物只能感知音乐的节奏和声音,而一定节奏的声音可以促进植物细胞加速繁殖和新陈代谢,从而促进生长。

在正常情况下，人类的体温在36～37℃，如果超出这个范围，那么就会感到不适，甚至有危险！比较有意思的是，除了动物有体温外，植物也有体温哦！

植物的体温会受到太阳辐射的影响，它们属于变温类型。将一株植物分为地上、地下两部分，地上部分通常接近于气温，而地下部分接近于土温，并且随着环境的变化而变化。当植物的体温低于气温时，它所吸收的大气热量和太阳辐射能量会使其体温升高；当植物的体温高于气温时，由于蒸腾作用会使其体温降低。

在冬季，农民伯伯总会给农作物盖上一层稻草或薄膜，其实就是给植物保温呢！

植物有体温吗？

气温

土温

智慧大本营 ↑

植物的各个器官中，叶子对温度最敏感。在太阳的辐射下，叶温一般高于气温3～5℃，有时会高出10℃以上；阴天时，叶温和气温相差不大；夜晚时，叶温比气温低。

根系吸收的水分
是怎样输送到叶子上的?

人体有许多的血管,它们承担着输送血液的作用。那么,当植物的根吸收了水分后,又是靠什么输送到叶子上的呢?

第一,根压。小朋友们见过人们如何从井里打出水来吗?没错,人们用压力,使水升高,最后出水。而根将吸收来的水分传到叶子上去,也是运用了压力。因为土壤溶液的浓度往往小于植物根部细胞的浓度,所以会产生一种压力——根压,根压能让水分往上"爬"。

第二,蒸腾拉力。这是使水分上升的主要动力,能够将根部的水分迅速地传送到植株的各个部分。

第三,内聚力。水分运输到叶片的过程中,根、茎、叶脉导管中的水能够产生一种吸引力——内聚力,它就相当于一个"水柱",使得水分源源不断地上升。

小朋友们,在这三种力的作用下,水分能很快从根输送到叶子上哦。

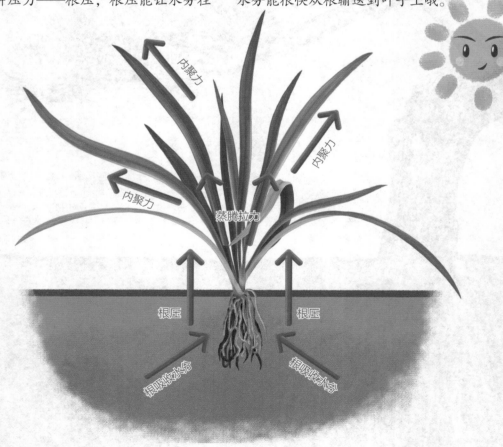

植物生长少不了呼吸作用，那么它的"鼻孔"在哪儿呢？

植物和人类不一样，它的"鼻孔"相当多呢！在显微镜下，我们看到叶片上分布了许多气孔，气孔是由两个半圆形的细胞组成的，如果把气孔说成是叶子的大门，那这两个细胞就是门卫。瞧，它们一会儿吸入二氧化碳，一会儿排出氧气，就这样循环着。

需要注意的是，"鼻子"呼吸与温度、湿度、光照以及周围的环境有关哦！只有两个半圆细胞恪尽职守，树木才能正常生长。

智慧大本营 ⬆

没有空气的话，植物就会被闷死。有时候，我们看到田里有积水，而生长在积水里的大豆和棉花，会因为长时间浸泡而呼吸不到氧气，最后因无法进行呼吸作用而死亡。另外，叶子上的气孔还能吸收营养物质呢，有点像"嘴巴"，通过"嘴巴"会把营养物质输送到植物的其他部位，促进植物生长。

守护气孔的门卫

植物看上去不会动，似乎只能任人宰割，其实不然，它们不仅有抵御不利环境的本领，而且还有许多奇妙的自卫能力呢。比如夹竹桃、毒芹等植物含有毒性。人畜食用后，会引起恶心、呕吐，甚至是死亡。还有一些"狡诈"的植物，比如野生马铃薯，它在被蚜虫侵害时，会分泌出一种危险的气味，蚜虫闻后便逃之天天。

最奇妙的当属含有类似昆虫激素化合物的植物。比如落叶松、南美梅等，这类植物中含有保幼酮，它能够使昆虫很快死亡。而蕨类、万年青、筋骨草等，这类植物中含有大量的类似蜕皮激素的物质，昆虫吃后会提前蜕皮，不能发育成成虫，也就无法繁殖了。

如此看来，植物自我保护的法子真是多得让人眼花缭乱呢！

有异味！快跑！

高等植物与低等植物有什么区别呢？

　　小朋友们，植物界可是个大观园，它们被分为高等植物和低等植物，当然啦，这与植物的身高没有关系。那么，两者之间又有什么不同呢？

　　高等植物有三大类，分别是苔藓植物、蕨类植物、种子植物。一般情况下，根、茎、叶分化明确，生殖器官是多细胞的，合子（雄配子和雌配子结合而成）发育成新植物经过胚的阶段。另外，高等植物光合作用的能力极强，主要生活在陆地上。

　　低等植物是藻类、菌类和地衣类的合称，其植物体是多细胞或单细胞的叶状体，一般不能分化出根、茎、叶等器官。低等植物合子发育成新植物体不经过胚的阶段。

　　由此可见，高等植物和低等植物还是很好区别的呢！

为什么可以进行植物的无土栽培？

说到无土栽培，小朋友们一定会想到水仙花，因为它种在水中也能开出芬芳美丽的花朵。不过，你们看到过种在水里的大豆、小麦和马铃薯吗？它们的长势比种在泥土中的长势还要好呢！

无土栽培是一项技术，不用土壤，用其他物质培养植物，可以是水培、雾（气）培、基质培。植物在泥土中生长少不了营养元素和水分，只要保证根系需求即可。无土栽培就是采用这个原理，通过水培或基质培为植物的根系提供需要的营养元素，这样植物便能正常生长了。

无土栽培的优点除了不需要土壤外，植物在生长过程中，人们还可以有效地控制温度、水分、光照、养分和空气等条件，加速植物生长。不过，无土栽培投资大、技术要求高，而且营养液很容易被污染，所以普通的家庭栽培很困难。

植物对高温和低温有什么反应？

每一种植物都有各自的生长环境，如果将生长在北方的植物移栽到南方去，或多或少会发生异常。那么，如果将植物放在高温或低温环境中，它们分别会有怎样的反应呢？

我们在高温下会汗流浃背，严重的还会中暑。植物在高温下也会"中暑"呢！温度高时，植物的光合作用会受到抑制，所以，各种不良症状出现了，比如叶子枯黄、出现坏死斑，甚至还会枯萎、死亡。

随着温度降低，我们穿的衣服会越来越多。没有做好防冻措施的植物，在冬天会惨兮兮的哦！瞧，它们不是叶子坏死、枯萎，就是树皮冻裂、枝枯。小朋友们，给予植物良好的环境，才能使它们苗壮成长哦！

同样的植物为什么有的长得高，有的长得矮呢？

首先，同种植物的高矮是相对性状，是由基因控制的，而控制同一性状的基因又有多种，所以同一性状表现出来的形式各不相同。用达尔文的理论来说，植物的遗传是多样性的，性状也是多样性的。

其次，生存环境不同，与植物的"身高"有很大的关系。小朋友们可以将同一种绿叶植物放在室内和室外，一段时间后，两株植物的长势相差巨大。因为绿叶植物的生长少不了光合作用，室外的阳光充足，所以植物生长得高大茂盛，而室内阳光不足，所以植物长得矮小稀疏。

山顶的植物为什么通常都比较矮？

智慧大本营 ♠

　　雪莲一般长在海拔4800～5500米的高山寒冻风化带，是一种高山植物。它的个子小，茎和叶子上覆盖了一层厚厚的白色绒毛！这层绒毛可厉害了，不仅能防寒保温，还能反射掉阳光的辐射呢！

　　喜欢爬山的小朋友们会发现，越往山上走，植物便越矮，到了山顶后，植物变得更加矮了。这是什么原因呀？

　　其实，这是多方面因素造成的。高山的阳光都比较强，过强的阳光会抑制植物的生长，所以植物普遍长得矮小些。

　　另外，登过山的人都应该知道，山下的温度比山上的温度高，有数据显示，海拔每升高100米，气温就会下降0.5～0.6℃，而低温不利于植物的生长。

　　当然啦，这也与土壤、自然气候有关。每当下雨时，高山上的水土营养会流到山下，山下的植物自然长得高大茂盛。

植物会发光吗？

　　小朋友们，你们知道哪些物体会发光？没错，有灯泡、太阳、萤火虫，还有海底的水母、灯笼鱼等。但你们知道吗，有些植物也会发光。

　　在一个大雨过后的夜晚，走进深山老林，一些树木闪闪发光。有些迷信的人认为是山林里的鬼怪在作怪。然而，事实上是一些真菌在嬉戏呢！这些

真菌名为"蜜环菌"，它们最大的特点就是会发光。当它们成群结队地树上"安家"后，树木就会神奇地发出光芒了。

　　再告诉你们一个小秘密，蜜环菌喜欢潮湿的环境，所以雨后的树木发出的光芒最耀眼。

外太空对于我们来说真是一个神秘的世界，电影当中的外星生物也让我们充满幻想和好奇，那么，地球上的植物能够在太空当中存活吗？

太空中能种植物吗？

这个问题科学家也考虑了，而且还付诸了行动。很多年前，科学家就在太空的航天器里种植植物了，当时种了绿豆、燕麦和几棵松树。过了1周之后，科学家们发现，这些植物有些"畸形"，它们长得歪歪扭扭，不过，生长状况是没有问题的，它们在太空也健康地活着。

所以，答案出来啦，太空中是能够种植植物的。而且，科学家还说了，太空中没有重力，所以植物生长不受阻，再加上阳光充足，很多植物都能长得更好呢！比如西瓜一样大的西红柿，1米长的黄瓜等。

为什么珍稀植物大多藏在山区？

在自然界，绝大多数的珍稀植物都长在深山内，即使在公园里看到的珍稀植物也是人们移栽的，这是为什么呢？这还得从几千万年前说起。

小朋友们，你们看过动画片《冰河世纪》吗？里面有剑齿虎、猛犸象，但现在它们已经灭绝了。在冰川时代，不仅动物们遭到了毁灭性的打击，就连植物也不能幸免于难。冰川淹没了草原植物，而生长在山区的植物因为有高山的阻挡，所以有不少的珍稀植物存活了下来。

除此之外，高山就像一座屏风，它们能够阻挡大风的袭击，让植物少受伤害，给植物提供了适宜的生长环境。正是这些原因，珍稀植物才能在山区内茁壮成长，就好像是温室内的花朵一般。

另外，深山里交通不便，所以人类的活动较少，植物很少被人们肆意地砍伐，这让许多的珍稀植物得以保存。

为什么植物有的喜阳，有的喜阴？

植物学家把植物分为阳生植物和阴生植物。阳生植物多长在山的阳面，比如杨树、柳树、槐树等；阴生植物多长在山的背面，比如云杉、冷杉等。那么，植物为什么有喜阳、喜阴的习性呢？其实，这归根于植物对环境的适应进化。

阳生植物的叶片既厚又粗糙，叶面上有一层厚厚的角质层或蜡质，能够反射光线；叶子内的气孔多，叶绿体较小，但数量极多。这种叶片构造能更好地利用太阳能，即使在缺少阳光的环境下，也能进行一定的光合作用。

阴生植物的叶片很大，但却很薄，角质层或蜡质也不发达；叶片内的气孔少，但细胞间隙大，叶绿体数量是喜阳植物的一半，但形状较大。这种叶子的构造很适宜在隐蔽湿润的环境中生存，对阳光也有微弱的吸收能力。

有色塑料薄膜对农作物有什么作用呢？

植物的生长离不开太阳光，可是农民伯伯们却给农作物盖上有色的塑料薄膜，这究竟是怎么一回事呢？

我们都知道彩虹是七色的，其实太阳光也是七色的呢！太阳光中的红光、橙光、黄光被吸收利用得最多，其次是蓝光、紫光、青光、绿光几乎不被植物吸收。不同颜色的薄膜对不同种类的农作物有不同的作用，如果颜色使用对的话，不仅能增加产量，还能提高农作物的质量呢！比如，黑色薄膜可以灭除杂草，得到黄化农作物，如口感更好的黄化韭菜苗；红色薄膜能使植物长得更加茂盛，增高甜菜的含糖量。

小朋友们，是不是觉得很神奇呢？合理利用有色塑料薄膜，农民伯伯们的收成会更好哦！

生长在水里的植物为什么不会腐烂？

水是生命的源泉，任何植物缺少了水都会死亡，就连生活在沙漠地区的仙人掌也少不了水分的补给。但是，不同的植物其生活习性各不相同，有些需水量大，有些则小。比如大豆、玉米等农作物，如果将它们放在水中，时间稍微长些就会发生腐烂。然而，有些植物就生长在水里，却一点也不会发生腐烂，这是为什么呢？

将水生植物根部的表皮切开，在显微镜下观看，我们发现其表皮内细胞的间隙很大，并且上下相通，这种结构能保证氧气在水生植物体内正常流通，另外，根部表皮有一层半透性薄膜。因为薄膜两面的浓度不同，所以能产生一种渗透压，使氧气渗透到根内，再通过细胞之间过大的间隙供根部呼吸。

有了一整套的存活系统，生长在水里的植物就不会腐烂了。

智慧大本营

每一种水生植物的生活方式和形态各不相同，但大致可分为三类。一是挺水植物，比如荷花、千屈菜、菖蒲等；二是浮水植物，比如睡莲、荇菜、田字萍等；三是沉水植物，比如黑藻、眼子菜、苦草等。

海水为什么不能用来浇庄稼？

地球上有大部分的面积被海水覆盖，海水既不能直接饮用，也不能用来浇庄稼，真是可惜呢！不过，你们知道原因是什么吗？

我们可以先做个小实验，将盐撒在洗干净、切成小块的黄瓜上，没多久，黄瓜便渗透出许多水分。这样看来，盐有排出水分的作用呢！同样的道理，如果用海水浇庄稼的话，根吸收海水输送到庄稼的身体各处，接着问题来了，庄稼自身的水分会被渗透到外面，而盐分却很难排出。如此，庄稼不仅损失了水分，最后还出现各种疾病，比如叶片变得枯黄、枯萎，甚至是脱水死亡。

夏季烈日下为什么不宜给植物浇水？

花草树木的生长少不了阳光，也少不了水分。可是，在夏季烈日下却不能给植物浇水。这是为什么呢？

原来，受到阳光长时间照射的泥土温度会很高，植物本身蒸腾剧烈，水分散失得很快，所以植物看上去像蔫了似的。小朋友们，看到这个情况，一定不能浇水，如果这时候浇水的话，埋在泥土中的植物根部会"着凉"，无法正常吸收水分，而暴露在空气中的"身体"依旧很热，还在通过气孔蒸发水分，造成植物失水。

所以，在烈日下给植物浇水，不但不能"解渴"，反而会害了它们呢。在炎热的夏季，最适宜浇水的时间段在清晨或傍晚。如果是阴天，那么随时都能浇水！

多多浇水，
为什么植物反而会死亡？

动物吃多了，可能会消化不良，最后撑死。而植物的水浇多了，也会出现死亡呢！小朋友们知道原因吗？

我们可以把因为浇水过多而死亡的植物的根挖出来看一看，会发现它的根系已经发黑，并且腐烂了呢！这是因为土壤中充满了水，氧气都被挤出土壤，根系呼吸不到氧气，同时，土壤中的好氧性细菌不能正常活动，严重影响矿物质营养的提供。另外，一些厌氧细菌在没有氧气的条件下大肆活动，产生很多有害物质，结果根系就腐烂了，植物自然会死亡。

这下明白了吧！我们在培育盆栽植物的时候一定要适度浇水，不然会适得其反哦！

有没有胎生植物呢？

什么是胎生？其实就是胎儿在母体内发育完全后脱离母体的生殖方式。人类是胎生，有些动物也是胎生，那么有没有植物也是胎生呢？

一般情况下，植物没有胎生的本领，它们的种子成熟后会离开母体，需要找一处地方休眠，然后生根发芽，长成一株植物。可是，这中间也有特例，最为典型的胎生植物当属红树，因为它的种子是在母树上发芽成苗的，因此人们称它为"胎生植物"。

佛手瓜也是胎生植物，在旱季时，植株会渐渐枯萎，但果实内的种子会吸收果实内的营养，萌出新芽，长成幼苗。遇到降水时，便会从果实中窜出，扎根泥土。

此外，像红树科的红海榄和秋茄树、紫金牛科的桐花树，以及草本植物胎生早熟禾等，这些都是胎生植物呢！

为什么植物多数都是绿色的?

植物的叶子有哪些颜色呢?我们来数数,有红色、黄色,不过最为常见的还是绿色。为什么大多数植物的叶子都是绿色的呢?

其实呀,这与植物体内一种名为"叶绿体"的物质息息相关呢。叶绿体是植物细胞中的一种细胞器,里面还有有机酸——叶绿素,这是植物光合作用的催化剂。因为叶绿素是绿色的,它的数量很多以至于遮盖了其他颜色的色素,所以植物也呈绿色啦。而其他颜色的植物,其体内含有的其他色素多于叶绿素。叶绿素被遮盖后,植物只能呈现别的颜色了。

花盆底下为什么要有个洞?

我们看到的花盆底下都有一个小洞,这个小洞是干吗用的呢?

如果用花盆养花,那么需要经常浇水,有时候水会浇多,如果花盆的底下没有孔,积水便不能渗透出去,植物长时间浸泡在水中,容易腐烂呢!所以,人们在花盆底下留个孔,使多余的水分流走而使泥土湿度适中。这样,花才会健康成长。

另外,花的根除了吸收水分外,也要呼吸空气。花盆底下留个孔,盆内积存不了水,空气很容易进入土壤间的空隙,根就能正常呼吸了。如果花盆底下没有孔,积水能把土壤中的空气挤出去,根呼吸不到空气,就会窒息死亡。

小朋友们,咱们在种植盆栽时,一定要注意花盆底下有没有洞哦!

为什么科学家能让一粒花粉长成一株植物？

在适宜的环境中埋下一颗正常的种子，不久就能长成一株植物，这是大自然的规律。那么，为什么科学家能让一粒花粉长成一株植物呢？

植物的花粉由两个不同的细胞组成，即生殖细胞和营养细胞。每当生殖细胞授粉后，就会进行分裂，但是营养细胞不分裂，并且还会消失不见。经历了这个过程，植物才能长成。

如果用人工配制的营养基培养花粉粒，植物也会成长，只不过过程相反。在显微镜下，营养基内的营养细胞在分裂，而生殖细胞不分裂，最后还会消失。小朋友们，不要以为这样就结束了，我们还得把营养基上的营养细胞移到分化培养基上。在分化培养基上细胞能分化出植物的芽和根，如此，一株小植物便诞生了。

植物的根真的会寻找食物吗？

肚子饿了，我们会自主地寻找食物。奇妙的是，植物的根也能寻找食物呢！小朋友们不相信的话，可以做这样一个实验哦！

首先准备一些简单的材料，比如冻胶、肥料、几粒发芽的种子。然后在冻胶的中央放一块肥料，再把几粒种子种在肥料的周围。几天以后，种子的"根"都伸向了冻胶中央的肥料，并且把肥料团团围住。怎么样？这下相信植物的根也会寻找食物了吧！

氧气　水　水　养分　氧气　氧气　养分　养分　水　氧气　水

为什么植物的根系向下生长，
茎却向上生长呢？

植物们爱玩捉迷藏，但总能被人轻而易举地找到。因为它们把自己的根藏在地下，却又把茎暴露在地上。小朋友们，你们知道植物为什么这么做吗？

植物在外界受到单方向的刺激后，就会发生单方向反应，植物学中称之为"向性"。比如，叶子受到阳光的照射，那么便会朝着阳光的方向生长，这便是"向光性"。根由于地心引力的单向作用，会产生"向地性"反应。

如此，植物的根便会向下生长，而茎则向上生长啦！

智慧大本营 ↑

仔细观察一株植物的茎，不论是匍匐茎，还是直立茎，你会发现茎都是上面长着叶子，下面长着根。大家都知道，植物需要生长，自然少不了水分和养分，而茎就起了输送的作用。植物拥有不同的茎，其实是自然的进化选择，只有适合的茎，植物才能茁壮成长呢。

向光性

向地性

很多小朋友都吃过空心菜，吃的时候我们会发现它的茎是空心的。当然啦，细心观察后你会发现，有很多植物的茎都是空心的呢！比如小麦、水稻、竹子、芦苇等。不过，这些植物的茎为什么是空心的呢？

一般情况下，植物的茎由三个部分组成，即表皮、皮层、中柱。这三个部分的作用各不相同哦！而中空的部分则是中柱，起初的中柱中心内有存储着养分的"髓"。而那些茎中空心的植物随着生长，髓逐渐消失，形成空心。

为什么有些植物的茎是空心的？

植物的根须为什么都很多很长?

仔细观察，植物的根不但多，而且还很长。有些植物的根甚至比茎还要长几倍，甚至几十倍。比如山坡上的枣树，它的树高不过三四米，但是根的垂直深度居然达到了十多米；一株小麦一生中可生出七万多条根须。那么，植物的根须为什么又多又长呢?

这主要有两大原因。一方面是为了更好地吸收土壤中的肥料和水分。因为植物在生长过程中，根系越发达，吸收的肥料和水分就越多，枝叶才会繁茂；反之，根系短、稀疏，吸收的肥料和水分就很少，不能正常供给，枝叶就会枯黄，树木发育不良。另一方面，庞大的根系起到固定植株的作用，能够抵挡自然界的各种灾害，比如大风、大雨、洪水冲刷等。

达尔文曾经说过："物竞天择，适者生存。"如果不想被大自然淘汰，植物只能选择朝着对自己有益的方面进化，长出又多又长的根。

世界上是先有鸡还是先有蛋呢? 这个问题真让人费解。如果说先有蛋，那蛋不是鸡生的? 如果说先有鸡，那鸡不是蛋孵出来的? 同样，在植物界，世界上第一粒种子是怎么诞生的呢?

世界上第一粒种子不是神仙赐予的，而是由氮、氢、氧、碳四大元素演变而成的。

在几十亿年前，地球由四大元素进化出了细胞，过了20亿年左右，细胞才具有了完整的细胞核，接着演变成植物。裸蕨是最原始的陆地植物，经过不断进化，形成了没有雌雄之分的繁殖器官——孢子。又过了很多年，一些植物变异出雌雄两种孢子，这两种孢子结合，成为种子。

小朋友们，世界上第一粒种子就是这么诞生的，你们是不是觉得很不可思议呢?

世界上第一粒种子是怎么诞生的?

25

我们对种子并不陌生，种子有天然种子和人工种子之分，天然种子一般由种皮、胚乳、胚三个部分组成。种皮起保护种子的作用；胚乳能够储存营养物质；而胚由胚芽、胚轴、胚根和子叶构成，将来发育成植物。

随着生物技术的发展，人们通过组织培养技术，可以将植物组织的细胞培养成与天然种子胚相似的胚状体，也就是"体细胞胚"。这种体细胞胚含有类似子叶、根、茎分生组织的结构。科学家们将体细胞胚埋在胶囊内，使其具备种子机能，这就是人工种子。人工种子可直接播种，它的长势和产量比自然种子高出许多。

智慧大本营 ↑

就目前而言，绝大多数的人工种子只有在无菌环境中才能发芽，所以，还不能广泛地应用。另外，制作人工种子的费用太高，在生长过程中需要高技术，这都限制了人工种子的推广。

人们为什么要晒种子呢？

春季来临前，农民总是把储存的种子拿出去晒晒太阳。因为，种子储存时间长，会降低种子的成活率，而且在病毒、细菌和真菌等有害物质的作用下，种子的发芽率明显减弱，所以晒种子是必不可少的。

那么，晒种子有哪些好处呢？种子内部有一种酶，晒种子能刺激酶的活性，促进种子的发芽率。另外，阳光能够杀死依附在种子表面的细菌和虫害，从而预防病害的传播，提高了种子的质量。

种子的力气究竟有多大？

人类的头盖骨结合得十分细密、坚固。科学家们用了很多办法都不能将其完整地分开。后来，有人发明了一种方法，就是把植物的种子放在头盖骨里，然后给予适宜种子发芽的温度和湿度。结果，种子将骨骼完整地分开了。

小朋友们也可自己观察，在一些瓦砾和石块下放一颗种子，等到种子发芽，它能够将瓦砾、石块掀翻。怎么样？种子的力气是不是大到人们无法想象呢！

煮熟后的种子还能发芽吗？

种子的力气特别大，生命力十分顽强。那么，把种子煮熟后，它还会发芽吗？

答案是当然不会。种子都是由三个部分构成的，分别是包在外面的种皮、储藏养分的胚乳、发芽用的胚。这三个部分起着不同的作用。那么，我们需要了解一般种子是如何发芽的。

春天来临时，处在休眠阶段的种子会悄悄醒来，在充足的水分、足够的空气、适宜的温度等条件下，种子会慢慢发芽。小朋友们，如果你们有耐心，可以观察种子发芽的过程哦！一开始，种子会吸收水分膨胀起来，就好像一个大胖子。接着，在酵素的作用下，胚会吸收种子储存的营养，并开始呼吸，最后才发芽。

这下你们明白了吗？种子发芽少不了呼吸作用和酵素，而煮熟的种子，胚已经坏死，酵素也被高温破坏。所以，种子失去了生命力，当然不可能发芽了。

智慧大本营 ↟

罐装的种子请放置于阴凉的地方保存，因为种子怕热，请勿放在日光直射或高温的室内、温室、荫棚，最好放在15℃的地方。茶叶罐和糖果罐都是很好的种子保存容器，先在底下铺上一层干燥剂，然后放入种子，罐口再用胶带封住，就可在冰箱里储藏很长的时间。

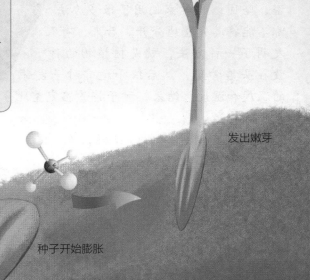

发出嫩芽

种子开始膨胀

休眠的种子

植物的种子都长在果实里吗？

咱们吃水果时，总会吐出籽，其实这是果树的种子呢。那是不是所有植物的种子都长在果实内呢？

其实不是。植物王国丰富多彩，拥有种子的植物有两种，一种为裸子植物，另一种为被子植物。裸子植物只有种子，没有果实，比如松树、杉树、柏树等；而被子植物既拥有果实，又拥有种子，并且种子被果皮包裹着，这类植物十分常见，比如桃树、梨树、苹果树等。

小朋友们，之所以被称为"裸子植物"，其实是因为种子裸露在外呢！而被子植物，其实是因为种子盖了一层厚厚的"被子"呢！

柏子仁　　　桃

为什么秋天的落叶大多是叶背朝上？

小朋友们，当你在秋季捡起一片落叶时，你可能会注意到这样一个现象，就是绝大多数的落叶都是叶背朝上，叶面朝下。这可不是秋风的把戏，而是与叶子内部的特殊结构有关呢！

植物的叶子有正反两面，叶面接受阳光照射的时间长，而叶背恰恰相反，于是造成了叶子内部结构的差异。在显微镜下，我们能将叶子内部的组织看得一清二楚，而它隐藏的秘密也解开了。

瞧，靠近叶面的为栅栏组织，其细胞呈长方形；靠近叶背的为海绵组织，其细胞呈不规则的块状。栅栏组织内含有大量的叶绿素，细胞排列紧密，能够吸收光能，且密度较大；而海绵组织截然相反，它们能储存植物内部产物和水，但密度较小。因此，叶面比叶背的质量大，当树叶从树枝落下时，比较重的叶面就会朝下，叶背自然就朝上了。

树木入秋后
为什么要落叶呢?

　　每逢秋季,成片的树叶随着秋风萧萧落地,这是什么原因呢? 难道是树木衰老了? 其实不是,很多树木都会在秋天掉叶子,这是大自然的规律,而掉叶子是树木在进行新陈代谢。

　　在地球上四季分明的地方,每一个季节都有不同的色彩,秋天就是黄色,不仅是很多果实成熟的颜色,更是树叶枯萎的颜色。

　　秋天,随着气温的下降,叶柄基部就形成了几层很脆弱的薄壁细胞。由于这些细胞很容易互相分离,所以叫作离层。离层形成以后,稍有微风吹动,叶子就会掉落。而植物体内存在着一种叫作脱落酸的植物激素,当秋天日照时间变短,气温降低时,脱落酸就大量生成,促使叶柄基部离层的产生,使叶子脱落。树木落叶之后可以减少蒸腾作用,降低水分、养分的损耗,是树木自我保护的一种方式。

叶子两面的颜色为什么深浅不同？

同一片叶子，正反两面可大大不同呢！最大的区别就是颜色，其两面颜色一深一浅，这是什么原因呢？

仔细观察，叶子的正面十分光亮，而反面比较粗糙、暗淡。原来，叶子上下面都有一层表皮，而且还是透明的，在两层表皮中间的部分是叶肉。叶肉内含有大量的能够进行光合作用的叶绿素。正是因为含有叶绿素，叶子才呈绿色。

叶子正面的叶肉细胞排列得很密集，叶绿素含量也就多。而叶子背面的叶肉细胞排列稀疏，叶绿色含量也就少。这就造成了叶子正反两面颜色深浅的不同。

叶片上为什么会长"筋"？

捡起一片落叶，你会发现叶面上有许多粗粗细细的"筋"，它们密密麻麻地排列在叶片内。其实，"筋"的真正名字叫作叶脉，它对叶片有很大的帮助呢！

我们都知道，绝大多数植物能竖起来生长，其实是因为茎的支撑。叶片也需要叶脉的支撑才能平展开来，接收更多的阳光。叶脉还起着输送管道的作用，它们能够把叶片中产生的营养物质输送到植物的各个地方，也能将根部吸收的水分送入叶片中。

如此看来，叶脉在植物生长中起了很大的作用呢！

智慧大本营

每一片叶子的叶脉就像人的掌纹，它们各不相同，贯穿着整个叶片。尽管一棵树上叶子的叶脉很像，但却没有完全一样的两片树叶哦。这就好像是人类的指纹，世界上没有两个人的指纹是一样的，不信的话可以去比对比对呢！

水珠滴在荷叶上，为什么会被弹开呢？

下雨时，没带"伞"的植物们都成了"落汤鸡"。如果植物的叶子没有将水珠弹开，那么很有可能会被雨水泡坏。所以，植物们有许多方法来保护自己的身体，以免被水浸泡。

绝大多数植物叶子的表面都被一层蜡状薄膜覆盖着，每当雨水落下，雨滴自动滑落，也有些植物的叶面上长了许多细毛，这些细毛就像"弹弓"，能够轻轻松松地弹走雨珠。比如荷叶，它们可是滴水不沾呢！

荷叶长得像一把雨伞，每次下雨，它都会如水盆一样聚集很多水滴，如果叶子没有弹水能力，那很容易腐烂。所以，荷叶的表面长了一层细密且坚硬的毛，当水珠落在荷叶上，只会像珠子一般滚动，当叶子盛了太多的水，叶子便偏斜，水珠就都滚到外面去了。

归根究底，这个本领是荷叶为了生存而演变出来的一种习性哦！

棉花是花吗？

小朋友们，咱们穿的衣服、盖的被子很多都是棉花制成的！那么，你们说棉花是花吗？

其实，我们平时说的棉花不是真正的花。棉花真正的花是白色的，但是会慢慢变黄，然后转为红色，最后变成褐色。花朵凋谢后，棉花就开始结果子。棉花的果子是球形的，等到果子长到一定程度后会自动爆裂，果子内的种子能"吐"出一丝丝白色纤维。不用多久，这些纤维会结成团，把种子包得密不透风，形状如一块块橘子肉。

这下你们是不是恍然大悟了呀，我们通常说的棉花根本就不是花呢！

螺旋状构造的植物有什么好处？

小朋友们，你们观察过向日葵花盘上的瓜子吗？它们都是按照螺旋形结构呈弧线排列的呢！像小松鼠爱吃的松果，其鳞片也是这样排列的。那么，这些植物为什么会有如此奇特的结构呢？

其实，仔细看你们就会发现，这类植物的果实排列得密密麻麻，由此可见，螺旋形结构能够增加果实的数量，保证后代的繁殖率。车前草的叶子排列也十分巧妙，同样是螺旋形排列的，而且还不重叠，这样能最大限度地获取阳光，大大提高光合作用效率，生产出更多的有机物，促进植物生长。

为什么有的植物先开花后长叶?

有句话叫作"鲜花还得绿叶衬"，在绝大多数情况下，都是先有绿叶，再有花朵的。但是，有些植物也会先开花，后长叶。小朋友们知道为什么吗？

其实，这和植物所处的环境有关，特别是对气温的要求。先开花后长叶的植物，其花芽在较低的温度下就能成长开放，初春的温度便满足了它的生长需要。但是对叶芽而言，初春的温度还是太低，所以叶芽要等温度升高再成长。

怎么样？这下知道有些植物先开花后长叶的原因了吧！

核桃的核为什么长在外面?

核桃是我们常吃的坚果，可是为什么它的核是长在外面的呢？

其实，核桃的结构与我们常吃的水果结构是一样的，比如桃子，它的最外层是果皮，中间是果肉，而核则被果肉包裹着。去过核桃园的小朋友们都知道，其实核桃也有青黄色的果皮和鲜美的果肉。不过核桃的果肉是不能吃的，我们平时看到的核桃都是去掉果皮和果肉的果核。而我们吃的则是核桃树的种子。

智慧大本营 ↑

完整的核桃看起来像青苹果，但是它的果肉很少有人吃，因为不仅酸涩，而且在没成熟前还带有毒性。久而久之，人们便直接吃核桃仁了。

成熟的果实为什么会掉下来?

英国科学家牛顿

　　秋天,很多果园的地上都躺着成熟的果实。小朋友们,这些果实是自己掉落的呢!你们知道原因吗?

　　我们可以从几个方面来了解。首先,牛顿发现了地球引力,他就是因为被一颗成熟的苹果恰好砸到了头而发现的。地球引力能够将苹果从树上吸引下来。其次,果树的种子都在果实内,只有果实落地腐烂,才能繁殖出新的果树苗,这是大自然的规律。再次,当果实成熟后,果柄与树枝相连的地方会形成一层"离层",离层能够阻隔树木输送到果实的营养,没有营养供给,果实自然就掉落啦!

　　小朋友们,这下你们明白了吧!

第2章　美丽的花花草草

为什么花有那么多种颜色？

　　雨过天晴，天空总会架起一道彩虹桥，它七彩的颜色让人觉得很漂亮。在自然界中，花朵的颜色也如彩虹一般绚丽，那花儿为什么是五彩斑斓的呢？

　　其实，花色是由花朵体内的色素决定的。像色彩鲜艳的红花、黄花、橙花等，它们的花瓣含有一种名为"类胡萝卜素"的物质，据统计，这种物质有六十多种，每一种显示出的颜色都不同。如果花瓣中含有"花青素"，那么花色多为紫色或蓝色。

　　当然，花儿们为了生存，不得不进化出鲜艳的颜色，如此才能吸引昆虫传播花粉，从而繁殖下一代。

为什么有些花朵会变色？

大自然的花朵色彩缤纷，有些花朵甚至能一天变化好几种颜色，难道这是大自然的魔法吗？

科学家们证实，花朵会变色与天气、环境等因素有关，最主要的是花朵所含的色素。花瓣中的细胞内含有多种色素，比如叶绿素、胡萝卜素、叶黄素等，这也是造成花朵五颜六色的原因。而一些会变色的花其实与酸碱度有关。比如灯笼花，它本身是红色的，当它遇到不同的酸碱度时，颜色就会变化。咱们可以做个小实验，把红色的灯笼花放到肥皂水里，观察一会儿，你会发现它由红色渐渐地变成了蓝色。如果将其放在水里，它又会变成紫色。

通过这个实验，我们发现了花色变化的奥秘。由此可见，科学探究能让我们获得更多的小知识呢！

黑色的花为什么很少见到？

咱们的自然界是庞大的，有着各种各样的花草。每年春季，各种花儿争相开放，它们用各自的美丽装点着世界，供人们观赏。可是，在万紫千红的花卉中，人们很少看见黑色的花朵。这是为什么呢？

原来，太阳光由红、橙、黄、绿、青、蓝、紫七种色彩的光组成，每一种光的波长都不同，所含有的热量也不同。喜欢植物的人们都知道，在花的组织中，数花瓣最为柔弱，很容易被高温灼伤。自然界中，红色、橙色、黄色的花朵最多，因为它们能够反射太阳光中热量最多的红光、橙光、黄光，这样便不容易被灼伤。而黑色会吸收所有光色，黑色的花非常容易受到阳光的伤害。所以，久而久之，经过自然选择，黑色的花便越来越少了。

小朋友们，正是因为黑色的花稀少，所以更要珍惜呢！

高山上的花为什么总是特别鲜艳？

春天，百花齐放，那万紫千红的颜色迷乱人眼。不过，哪儿的花色最鲜艳呢？这当属高山上的植物了。

高山上的紫外线十分强，而紫外线是个"恐怖分子"，能够破坏植物的染色体，于是，植物体内便产生大量的类胡萝卜素和花青素。这两种色素把植物变得五颜六色的。这也是高山上植物的花色为什么比平地上植物的花色更加艳丽的原因。

为什么有的花很香，有的花却不香呢？

有些花儿长得艳丽，但是一点也不香；而有些花儿其貌不扬的，香味能传千里。花儿为什么有的香有的不香呢？

花朵传播花粉有两种途径，一种靠昆虫，另一种靠风。一般来说，有香味的花儿是由昆虫传播花粉的，而没有香味的花儿是由风传播花粉的。能散发香味的花儿，长有一种专门制造芳香油的细胞，以好闻的香味吸引昆虫。不同种类的花，散发出来的香味都不同，因为它们含有的芳香油都不一样。

智慧大本营

有香味的花很多，但是香味十足的却不多。据说世界上香气飘得最远的是十里香，这是荷兰的一种白色野蔷薇，远在十里外就能闻到花香了呢！我们比较熟悉的丁香花，它也算世界香花之一哦！

为什么把鼻子贴在花上闻花香不好?

花儿很好闻，那是因为花朵中含有一种带有芳香味的芳香油。小朋友们为了闻花香，可能会把鼻子贴近花朵，这样做好不好呢?

其实，这是错误的。这样很容易把花粉吸到鼻子里，可能会引起过敏症状。有时候，花蕊上爬了许多的小虫子呢，比如蚜虫，吸花香时，虫子会被吸进鼻子，引起多种疾病。而有些花朵的香味吸多了，可能还会中毒呢!

自来水为什么不能直接用来浇花?

自来水是我们的日常生活用水，因为干净，所以很多人都用它来浇花。但奇怪的是，用自来水浇的花长势都不太好。这是为什么呀?

其实，专家指出，自来水不能直接用来浇花。因为自来水中添加了化学物质，比如凝聚剂和消毒剂，水质虽然干净，但缺少了植物们需要的微生物和营养。即便浇花也应将水在太阳下晒过一天后再用。相对的，适宜浇花的水应该是中性或微酸性的，比如池塘水、雨水、河水等。雨水浇花最好，因为里面含有大量的天然矿物质，利于植物的生长。

瑞典植物学家林奈

花钟是什么？

不论是上学，还是工作，都少不了钟表，因为它能提醒我们时间，防止迟到。我们见到的钟表各式各样，有戴在手上的手表，有挂在钥匙扣上的电子表，还有挂在胸前的怀表，可是，你们知道什么是花钟吗？

瑞典有一位著名的植物学家，叫林奈，经过观察和研究，他发现植物开花都受到生物钟的约束。植物生物钟可以控制花朵开放、花蜜生产、树叶休眠等。

人们把林奈的发现称为"花钟"。比如，牵牛花会在早晨4点开放，晚上8点钟夜来香会开放。

"花钟"虽然很有趣，但报时不太准呢！因为它们会受到地区、气候等条件的影响。

智慧大本营 ↑

瑞士是有名的钟表之乡，也是美丽的花园王国。在瑞士，有许多别出心裁的花匠，它们把花卉与钟表完美地结合在一起，造出了魅力独特的"花钟"。

为什么要给盆栽花换土？

盆栽装饰着我们的家园，很多对植物有心得的人会定时地给盆栽换土，这是为什么呢？

盆栽土壤体积不大，被植物长期地吸收和利用后，所蕴含的矿物质成分明显减少，这使植物缺乏营养。当盆土物理性质变劣时，通气性也会变差，久而久之，植物生长不良。所以，针对这两种情况，应该定时地将盆栽内的土壤换掉，以保证植物的健康成长。

盆栽花为什么需要换盆？

盆栽的花不可能一直都待在同一个花盆里，每过一段时间，都需要及时地更换花盆，这是为什么呢？

因为植物随着年龄的增长，它的根系越来越发达，原来的花盆就小了，不换大盆的话则会影响新根的发育，吸收养分的能力会明显减弱，从而影响土上部分的生长。有时候，植株成长过快，原有的盆满足不了植物生长的空间，为了满足根系对养分的吸收，所以要换大盆。还有一种情况，当根系受到虫害时，那么及时换盆处理，剪修根系，可以防止疾病、虫害。

怎样才能延长插花的寿命？

插花好看，但是它的美丽却不能持久。好好的一朵花，泡在水里几天就没有原来娇艳的样子了，不但颜色变暗，也不再昂着头，叶子也蔫蔫的。每当看到花儿这样，我们都不免要叹气了。那小朋友们想没想过，有没有延长它美丽的方法呢？

要想解决问题，就要先找到问题的原因，我们首先应该知道，花瓶中的花儿为什么会枯萎。原来，植物都是靠根来吸收土壤中的矿物质的，而花瓶当中的花没有了根，难以吸收到足够的营养。这也就是花儿最终会枯萎的原因。

而且，剪刀剪过花儿的茎之后，茎中的植物体液也流失了。针对这一点，想要花儿开放得持久一些，不妨试试用火烧一烧剪断的茎的切口处，不过时间也不能过长哦，否则花儿就被"烧死啦"！

除此之外，还可以在花瓶中放入适量的营养物质，延长花的寿命。

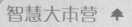

智慧大本营

在剪花之前也可以想想让它持久绽放的方法。要知道，剪花时机很重要，一般在清晨，露水还挂在花儿上的时候是最佳时机。因为这个时候植物体内的体液最多，所以能够延长寿命。

菊花为什么不怕冷呢?

水会因为气温降到零度以下而结冰。小朋友们可以做个试验,在一杯水中加入糖或者盐,再将它放到刚刚低于零度的环境中,隔天,你会发现杯中的水没有结冰。而且,水中糖或盐的含量越高,就越不容易结冰。

其实,菊花不怕冷和杯中放糖的道理一样。因为菊花内有许多糖分,即使在深秋也能绽放出美丽的花朵。

为什么郁金香晚上不会开花?

鲜花的身上仿佛有一个感应器,它们会随着气温的变化而开放或闭合,郁金香也有这种本领呢!

郁金香的感温性很强,因为晚上的气温低,所以花瓣闭合,这样能"保暖"哦!到了白天,气温逐渐升高,花苞吸收足够的热量后,会自然地绽放,然后静静地晒晒太阳呢!

43

圣诞花是红色的吗?

小朋友们对圣诞节肯定很熟悉，每到圣诞节，人们便会装扮圣诞树，孩子们会在床头挂上袜子，等待圣诞老人送礼物。有一种花朵也与圣诞有关呢，它就是很有喜庆感觉的圣诞花。不过，你们对圣诞花又了解多少呢? 圣诞花是红色的吗?

答案是否定的。瞧见圣诞花，人们无疑都被它那红色的叶子给吸引住了，人们常把红叶子当成花瓣，其实红叶子中间的黄色部分才是真正的花呢，只不过太小了，所以很不起眼。

"花中皇后" 是指什么花呢?

众所周知，牡丹花是"花中之王"，那"花中皇后"是指什么花呢? 其实就是月季花。

相传，在神农时代，人们就把月季花移到家中种植，汉代、唐代更为普遍。由此可见，早在几千多年前，月季花就是中国的名花了。

月季花的花期长达半年有余，能从5月开放到11月，所以又有"月月开""四季蔷薇"等名称。其鲜艳的颜色、优美的形态、扑鼻的香味，都惹人喜爱。18世纪末，月季花由印度传到了欧洲，在国外更享有"花中皇后"的美名呢!

智慧大本营

月季花有很多颜色，比如红色、白色、绿色、黄色等，更有稀罕的紫色和蓝色呢! 它的花朵硕大，花的形状也多变，更能散发出让人沉醉的清香。另外，月季花还能药用，它的根、叶子、花朵有活血解毒、去瘀消肿的功效。

仙人掌为什么要长刺呢？

　　小朋友们，在你们的书桌前有没有摆放过仙人掌呢？仙人掌很漂亮，但就是不能随意触摸，因为它们的身上长了许多的刺。所以，我们禁不住会问：仙人掌先生，为什么你要长刺呢？

　　仙人掌的故乡在大沙漠，那儿不仅炎热，而且干燥。在很久以前，仙人掌的身上没有小刺，只有叶子。叶子每天会蒸发出许多水分，导致仙人掌生长缓慢，在沙漠中艰难地生存着。后来，经过一代代的进化，仙人掌的叶子越长越小，最后变成一根根小刺。这些小刺的作用大着呢，不仅可以减少水分蒸发，还可以反射强烈的太阳光。因此，仙人掌就能降低身体的温度，保存体内的水分啦。仙人掌的刺还是它们保护自己不被动物吃掉的自卫武器呢。

买来的水仙花为什么泡几天就能开花？

我们从市场上买来的水仙花放在水中过不了多久就能开花，小朋友们知道这是为什么吗？其实我们泡在水中的"大蒜头"是水仙的鳞茎。鳞茎是在水仙花形成小鳞茎时挖出来的，经过风干，再放在干燥的环境中。到了秋天，再把小鳞茎种植下去，这样反复三五年，才能获得大鳞茎。

平时，我们家中栽培的水仙，其实是从市场上买回来的培育好的鳞茎，鳞茎内的养料十分充足。所以，只要把它放在水中，给予适宜的温度和阳光，自然能长叶开花啦！

夜来香为什么在夜晚最香？

多数植物都是依靠昆虫传播花粉、繁殖后代的。在白天时，花朵盛开，并散发出香味，昆虫们闻香而来。也有些另类的植物，比如夜来香，它只有在夜间时花香味最浓。这是为什么呢？

其实，夜来香晚上开花也是为了传播花粉。因为给夜来香传粉的是一种蛾子，蛾子是在夜间活动的，所以为了适应它们，招引来更多的蛾子给自己授粉，夜来香就进化出夜晚开花更香的习性了。用显微镜观察夜来香的花瓣，你会发现它的花瓣很特别，与一般白天开花的花瓣构造很不一样呢！它的花瓣上有许多气孔，好像"鼻孔"似的，当空气湿度越大时，它的气孔便越大，从花朵中蒸发出来的芳香油就越多。

小朋友们，你们还可以发现，夜来香的花不但在夜间浓，其实阴雨天时，香气也比晴天浓呢，这是因为阴雨天空气湿度大的缘故。

莲藕都长在淤泥里，但是莲花却能出淤泥而不染哦。小朋友们别惊讶，其实莲花并没有什么"清洁"的魔力，这只是很常见的莲花效应罢了，也就是莲叶表面疏水性、自洁性的特征表现。

在电子显微镜下，我们看见莲叶上覆盖了一层蜡质结晶，而且还有许多乳头状突起，这些突起之间能够储存空气，阻挡淤泥的进入。当莲叶和莲花从淤泥中长出时，蜡质结晶使淤泥难以依附。所以，下雨时，落在叶子上的水滴能够凝结成珠，当体积过大时，水珠能够自行滚落叶面，并且将叶子上的灰尘颗粒一并带走，达到洁净的效果。

怎么样？这下知道莲花"爱干净"的原因了吧！

智慧大本营 ↑

莲的药用价值很高，每一个部位的药效都不同，但都能清火气、止血、散瘀等。莲叶的味道是苦的，它含有丰富的维生素C和莲叶碱，不仅能补充人体维生素，还有解暑、除湿气、醒脾、活血化瘀等功效。

为什么千年古莲子能开花？

有些种子腐烂得很快，而有些种子能够千年不腐。比如埋在地下的古莲子，只要环境适宜，它就能开出花来。古莲子的寿命怎么那么长呢？

莲子大家都吃过，它被一层坚硬的壳子包裹着，古莲子也一样。不过，你们知道壳子的作用吗？它不仅能防止水分、空气进出莲子，还能防止细菌的感染。另外，古莲子的尖头处有一个小气孔，里面储存着各种养分，能够使古莲子一直存活。一旦环境适宜，古莲子就能生根发芽。

所以，千年古莲子能开花就没什么大惊小怪了。

玉兰为什么先开花后长叶？

玉兰，优雅而美丽，每当天气变暖，一朵朵花儿便会匆匆地"跑出来"跟大家打招呼，这时芬芳的香味会弥漫整个庭院。但是奇怪的是，为什么它迟迟不长叶子呢？

在秋季，我们可以观察玉兰的枝条，上面有许多突起物，其实，这些都是玉兰的花芽和枝芽。没想到，它们都在玩"捉迷藏"的游戏呢！与多数植物不同的是，玉兰的花芽不畏严寒，温度稍微上升，花芽便会成长、绽放，而叶子很怕冷，所以等到花都开放了，它们还缩着头，躲在芽苞内不肯出来。

小朋友，这就是玉兰为什么先开花后长叶的原因。

玉兰

好舒服，出来透透气！

好冷，再睡会儿……

48

古莲子储藏千年后依然能发芽。小朋友们，百岁兰也很长寿呢，最神奇的当属它的叶子。百岁兰比较可怜，它一生只长两片叶子，可是它叶子的寿命不一般哦，能够活上百年呢！这就让人疑惑了，一般树木的叶子都是秋天掉落，春天发芽，百岁兰的叶子为什么永远不凋零呢？

咱们观察叶子的基部，那儿有一条生长带，里面的细胞有强的分生能力，可以不断地产生新的叶片组织，使叶子不停地生长。倘若百岁兰叶子的前端老化或者损坏，基部长出来的新组织便会替补。百岁兰原产于非洲纳米比亚沙漠地区，根系粗状，直径可达1.2米，很容易吸收地下水。

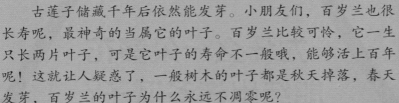

如此，在温度适宜、水分充足的环境中，它的叶片不仅永不凋落，而且还四季常青呢！

为什么一朵葵花能结出许多瓜子？

咱们吃的瓜子有很多种，比如西瓜子、南瓜子、吊瓜子等，这些瓜子都长在果肉内，而葵花子不同，因为它结在向日葵的大花盘上。为什么一朵向日葵大花盘能够结出那么多瓜子呢？

向日葵的大花盘总给人一种视觉错觉，错将它当成一朵花。但是仔细观察会发现，大花盘其实是由好几百朵小花组成的。到了秋天，几百朵小花结出瓜子，看上去密密麻麻的，农民伯伯可开心呢！

智慧大本营 ↑

向日葵开花结子有个特点，就是靠外面的先开花，瓜子的生长期长，所以瓜子既大又饱满，而靠里面的花绽放慢，瓜子生长周期短，所以有许多瘪瓜子。

向日葵为什么要跟着太阳转？

　　向日葵和太阳是好朋友哦，因为它的花盘总是跟着太阳转，可是，它为什么对太阳如此依恋呢？

　　科学家们发现，向日葵的茎中有一种"植物生长素"，它能够刺激细胞生长。植物生长素害怕阳光，每当被太阳照射时，总会偷偷溜到向日葵背光的一面去，所以背光部分的细胞长得很长。渐渐地，牵动花盘向着太阳转，而太阳落山后，生长素分布均匀，又恢复了正常的生长。向日葵跟着太阳转，这其实是"植物生长素"在与太阳玩捉迷藏的游戏呢！

睡莲很爱"睡觉"吗？

植物都是需要睡觉的，但是没有一种植物比得上睡莲，因为睡莲真的很爱睡觉呢！并且，它的作息时间还很有规律。

瞧，当太阳升起的时候，睡莲展开了它的花瓣，就好像刚刚睡醒了似的，在伸着懒腰呢。太阳下山时，睡莲打着哈欠，准备合上花瓣睡觉啦。其实，花瓣晚上合起来，是为了防止花蕊在夜间被冻伤，这也是它在生长过程中逐渐形成的习惯。

智慧大本营 ◆

除南极外，世界各地都可以找到睡莲的踪迹。由于根能吸收水中的汞、铅、苯酚等有毒物质，还能过滤水中的微生物，所以睡莲是难得的净化水体的植物，现在在城市美化中备受重视。

大王花为什么那么臭？

大王花又叫"霸王花"，是世界上最大的花。它生长在印度尼西亚的爪哇和苏门答腊等热带森林内，一生只开一朵花，直径最大的有1.4米，最重的有50多千克。

大王花的颜色十分鲜艳，特别是花中央的大蜜槽，看起来像个大脸盆。同时，大王花也是臭花之一，常常有小动物被它的臭味熏倒呢！不过，大王花为何那么臭呢？

其实，大王花的臭味和其他花的香味作用一样。它属于虫媒花，也有雌、雄之分，所以只有两朵性别不同的花才能传播花粉，然后孕育下一代。蜜蜂和蝴蝶喜欢香香的花，而苍蝇等昆虫却喜欢臭臭的花。只要大王花的臭味一散开，苍蝇就会飞过去，一边采食花蜜，一边帮助大王花传播花粉。

蒲公英为什么会长出许多的小「降落伞」？

一阵微风吹过毛茸茸的蒲公英，瞬间，一个个"降落伞"飘在空中，飞向远方。蒲公英为什么长了那么多的"降落伞"呢？

原来呀，"降落伞"就是蒲公英传播种子的工具。它的花朵是黄色的，花朵凋谢后，就会留下一朵朵白色的小绒球，蒲公英的种子就藏在绒球内。绒球上的小绒毛叫作"冠毛"，冠毛下面就是细长的、褐色的种子。

蒲公英的种子很轻，只要风一吹，便能"飞"起来，就好像一个个"降落伞"。等风停后，种子们收起"降落伞"，在新的环境中扎根发芽。

53

如果要问，世界上拥有着小种子的植物有哪些？那么兰花必在其中。知道吗？一棵兰花成熟后，它能结出很多的种子。这些兰花种子十分轻巧，随着微风便能飞起。不可思议的是，它们居然能飞到树皮上生根发芽，甚至是开花，这是什么原因呢？难道它是个"寄生虫"？

小朋友们，飞到树上的兰花种子可聪明了，由于种子个头小，光是靠种子内的营养物，还不够让种子发芽，所以往往需要一些微生物的帮忙。

微生物可以分解枯枝落叶，并从中获得营养，维持正常生活。兰花只有遇上了微生物，才能依靠微生物获得营养发芽。树皮上有很多微生物，所以飞上树皮的兰花种子能够直接长成幼苗。

另外，兰花喜欢阴凉的环境，但如果水分过多，根又容易腐烂。大树被树冠遮盖住，树皮上往往阴凉，也不会太干燥，简直是兰花的生长天堂呢！

为什么有些兰花可以生长在树皮上？

昙花为什么在晚上开放？

人们常用"昙花一现"这个成语来形容美好而短暂的事物。而现实中，昙花盛开的时间也的确很短，只有3~4小时，并且只在夜晚开放。小朋友们，你们知道"昙花一现"的原因吗？这还要从昙花的原产地说起。

昙花原产于中南美洲的热带沙漠地区，那儿天气炎热、干燥，白天温度十分高，连人站在阳光下也会虚脱，何况是娇弱的昙花呢！它们只有在晚上盛开，才能避免烈日的灼伤。再加之，昙花属于虫媒花，沙漠地区的昆虫在晚上八九点钟活动频繁，所以晚上开花有利于传粉。

至于昙花花期为什么那么短，那是昙花进化的结果，因为早点凋谢花朵，就能够减少植株水分的散失，维持生长需要。

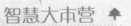

智慧大本营

昙花虽然开花的时间很短，但它在开花的时候却非常美丽高贵，清香四溢，它还能够释放出大量的负氧离子，让室内的空气清新怡人。

王莲的叶子为什么能托起一个人？

种子的力量是惊人的，它能够顶碎瓦砾、顶翻巨石。当然，植物叶子的力气也不小呢，比如王莲。它的叶子居然能够托起一个人，那么，它的力气来自何处呢？

王莲叶子的直径一般在2米以上，它的承载力极强，这是因为叶子的背面有许多粗大的叶脉，叶脉构成了一幅骨架，骨架间又有纵横交错的镰刀形横隔。并且，叶子里面还有许多储存空气的"小房间"，使叶子能够平稳地浮在水面。有了这些法宝，王莲的叶子自然能载人啦！

好吃的桂花糕是用桂花做的吗？

小朋友们，你们吃过桂花糕吗？这是我国的传统糕点，吃起来，嘴里弥漫着一股浓浓的桂花香。那桂花糕是用桂花做的吗？

相传，在明朝末年，当时有个小贩，他特别喜欢桂花，觉得桂花掉落了很可惜，就把桂花收集起来。他将桂花内的苦水挤出去，放入蜜糖中浸泡，再与蒸熟了的米粉、糯米粉等搅拌在一起。最后放入盒子中，成为形状规则的糕点，并取名"桂花糕"。现在，人们制作桂花糕的手艺更精湛了，味道香甜可口。

所以，桂花糕真的是用桂花做的，只不过制作时还加入了其他原料。

《西游记》里，齐天大圣孙悟空是从石头里蹦出来的。那石头上长出"石花"也没什么大惊小怪的了。其实，这里的"石花"不是石头开的花，它名叫地衣，是一种植物。地衣的生命力极强，不仅能长在光秃秃的岩石上，还能长在沙漠中，甚至连极地地区都有它们的足迹。那么，地衣究竟是什么呢？

其实，地衣是真菌和藻类的混合物，真菌用自身的丝状物编成一个网状的、厚实的皮壳，藻类"入住"其中。这样，地衣植物便形成了。地衣能分泌出"地衣酸"，不仅能腐蚀岩石，而且还能促进土壤的形成呢。

石头上为什么会长"石花"？

啤酒花可以酿啤酒吗？

人们喝的白酒是用五谷杂粮酿出来的，甜甜的果酒，则是用果子发酵而来的。那么啤酒是怎么来的呢？它可少不了一种原料——啤酒花。

啤酒花又叫作"蛇麻花"，德国人在酿制啤酒时，加入了这种花，意想不到是，酿出来的啤酒不仅闻起来芳香，喝起来更清爽。从此以后，啤酒花被誉为"啤酒的灵魂"，成为酿制啤酒的原材料之一。

小朋友们，加入了啤酒花的啤酒储存的时间更长呢！

人们冬季为什么烧秸秆？

从前每到冬季，人们经常燃烧秸秆，这是为什么呢？

我们都知道，农作物要生长，就必须吸收土壤中的多种矿物质，但是由于雨水冲刷和农作物不断地吸取，土壤中的矿物质逐渐减少，这就需要补充肥料。以往人们会施化肥，或通过燃烧秸秆的方式使秸秆中的矿物质保留在草木灰中，等到下雨时，草木灰随着雨水渗透到土层。这样，矿物质又回到了土壤中，第二年再种农作物时，会长得更加茂盛。

然而，燃烧秸秆会产生许多浓烟和草木灰，人们吸入肺部后，对身体健康有一定的影响，同时也会给周围植物带来伤害。另外，火苗也可能引发火灾。因此现在人们已经开始用秸秆、人畜粪便产生的沼气残渣等有机肥料代替燃烧秸秆这种落后的方式，来给土地施肥了。

为什么远处的青草看着颜色要淡一些？

在同一片青草地上，为什么看上去远处的青草要比近处的青草颜色淡呢？

这和太阳光有关呢！小朋友们都知道，太阳光由七种光线组成，青草会反射出绿光，所以是绿色的，而远处的青草颜色较淡，其实是被空气中灰尘反射出的白光抵消了一部分绿色，所以远处青草的颜色看着要比近处青草的颜色淡些。

草木有感情吗？

人们常说：人非草木，孰能无情。这句话说的是我们人类拥有丰富的感情，而草木却没有。其实这是不对的，草木也有感情呢！

科学家们通过研究发现，植物和人类一样，它们也具有想法和情感。你在摧残它们时，它们也会疼得哭泣；你在砍伐它们时，它们也会害怕得发抖。甚至在遇到危险时，它们还会采取措施保护自己呢。

有一种叫含羞草的植物，每当被碰触，就会合拢小叶，进行自我保护。另外，芥草的根尖上寄生着一种神奇的小植物，它似乎能感知周围敌人、朋友的存在。如果把这种小植物切断，芥草就会死亡。研究者还发现，小植物是芥草用来和外界植物沟通的"大脑"呢！

小草有情
脚下留情

"斩草"为什么一定要"除根"？

杂草的生命力十分顽强，它总是"野火烧不尽，春风吹又生"。所以，想要将杂草彻底清除，就必须斩草除根。这是什么原因呢？

杂草很难缠，它们就像个侵略者，不仅盘踞在田地中，而且还不断地侵占庄稼的领土，掠夺其养分和水分。所以，杂草多的地方，庄稼都生长得缓慢、艰难。杂草种子的数量多，它们通过风力、鸟兽携带等方式不停地传播。

等到生根发芽后，即使拔掉地上的茎和叶，它的根依旧能吸收养分和水分，重新发芽生长。

所以，我们在田地里看到杂草后，一定要把它的根连着茎叶一并除去，如果只割去地上茎叶，来年春天它还会长出来。

为什么除草剂能除草，却不会伤害作物呢？

农民伯伯自从使用了除草剂，便不再为田地里的杂草而头疼啦。可让人疑惑的是，为什么除草剂能除草却对作物没有伤害呢？难道是因为除草剂有自己的"意识"，只会对杂草下杀手吗？

其实，每一种除草剂都已经过锄草专家和化学家的多次试验，通过不断的试验和完善，使其对杂草和农作物的毒性不同。当把除草剂施用到农作物和杂草上时，它只会对杂草产生致命的反应，对农作物没有丝毫伤害。

含羞草为什么怕羞呢？

含羞草是种十分逗人的植物，因为人们在碰触它的叶子时，叶子会自动合拢，就像个小姑娘害羞地遮起自己的"脸"。那么，含羞草为什么这么怕羞呢？

原来，在含羞草叶柄的基部有一个膨胀器官，人们称它为"叶枕"。叶枕内有许多薄壁细胞，这种细胞对外界的刺激很敏感。一旦被碰触，刺激感会立马传到叶枕，这时薄壁细胞内的细胞液会流出细胞，挤入细胞间隙中。细胞的膨胀力减弱，叶枕下部细胞间的压力自然降低，从而出现叶子闭合、叶柄下垂等现象。等过几分钟后，细胞液又重新流回薄壁细胞内，膨胀力恢复，叶片又变成原来的样子了。

这一张一合的，难怪人们觉得它会"害羞"呢！

智慧大本营

含羞草的叶子会出现"害羞"的现象，其实也是含羞草在系统发育过程中对外界环境适应的结果。因为含羞草原产于热带地区，那儿多雨、多暴风。当受到风雨侵袭时，叶片会立即合拢，保护叶子不受风雨的摧残。久而久之，这一生理现象便形成了。

还魂草真的能还魂吗？

在一些武侠小说中，常常会出现一种植物——还魂草，书中赋予了它起死回生的本领。小朋友们一定很好奇，还魂草真的能让人还魂吗？

答案当然是否定的。在现实中，还魂草的确存在，只不过它还的只是自己的"魂"。还魂草强大的生命力与其生理特性有很大关系。每当干旱时，它的叶子会自动卷起来，就好像卷尺一般，这种特性能减少水分的散失。如果一直干旱，大部分水分将会从还魂草体内蒸发掉，然后变得干枯，就好像死亡了。其实，它没有真的死亡，只是新陈代谢变缓慢了。

与其他植物相比，还魂草适应干旱能力极强，在缺水的情况下也不会死亡。只要来一场及时雨，它又能神采奕奕，好像复活了一般。

我国很多地区都分布着还魂草，在比较干旱的草地、岩石区域都能发现它们的身影。还魂草不仅能自己"还魂"，而且还可以当作中药呢！还魂草活血通经，经烧炭后的植物体能够止血化瘀。当然，它体态优美，也能当作观赏植物。

黄连为什么特别苦？

有句俗话叫作："哑巴吃黄连，有苦说不出。"不过，黄连为什么那么苦呢？

科学家们发现，黄连中含有黄连素，这是一种生物碱，就是因为它，黄连才特别苦。那么，黄连素究竟有多苦呢？

科学家们做过一个实验，他们用1份黄连素加上25万份的水，混合出来的水溶液依旧是苦的。由此可见，黄连是苦得名副其实啊！当然，黄连虽然苦，但它却是良药，不仅能治疗肠炎、痢疾，还能杀菌呢！

爬山虎为什么能够爬墙?

爬山虎是很厉害的攀岩高手！在一些高楼和墙壁的背阴处，我们经常能看到它们成片地汇聚在一起，着实让人惊叹。不过，它们没有"脚"，又是怎么爬高蹬低的呢?

仔细观察会发现，在爬山虎的茎上长着许多像小手一样的吸盘，它们有规则地排列着，总是背着阳光贴着墙壁延伸。在生长过程中，为了防止掉下墙壁，"小手"会分泌出黏液，这样便能牢牢地抓住墙壁了。等到藤条长牢固了，爬山虎又会长出新的吸盘继续攀登，如此便成为"攀岩高手"了。

爬山虎就是在我的帮助下成为"攀岩高手"的!

好香啊！

嘘……
午餐来了！

为什么猪笼草能吃虫子？

自然界中，绝大多数植物都是动物的美食。不过，当虫子碰到猪笼草后，只能认倒霉了。为什么呢？因为猪笼草专"吃"虫子呀。

猪笼草有自己的方式吸引昆虫，它依靠捕虫囊内的蜜腺分泌出的蜜汁把昆虫吸引来，进入囊内。虽然囊盖不会合上，但为了防止虫子爬出去，囊口进化出光滑的侧壁，而且囊中还装着很多消化液。昆虫在囊内会被这些消化液给消化掉。

怎么样？猪笼草虽然没有牙齿，但是它吃虫子的本领还是相当厉害呢！

猪笼草全株

没有根的金鱼草是怎样生存的？

对植物而言，根十分重要。根从地下吸收水分和营养，这样植物才会有生长的能量。金鱼草是一种水生植物，比较奇怪的是，它没有根！那么，它是怎么生长的呢？

其实，金鱼草的茎和叶子里面有许多空洞，这些空洞可以储存空气，使植物能在水里面进行呼吸，不会淹死在水里。而它吸收水分的本事更大呢！它的茎与叶子内的细胞都能吸水，并且能把水分输送到全身。所以，即使没有根，金鱼草也能在水里存活。

智慧大本营 ↑

秋天，金鱼草的枝顶会长出许多芽，芽内储存着大量淀粉，这时金鱼草会因为身体变重而沉入水底"冬眠"。春天，芽内的淀粉转化成脂肪，金鱼草体重变轻后又会浮上水面生长。

竹子会开花吗?

　　竹子又细又高,叶子郁郁葱葱,给人一种神清气爽的感觉。在大多数人的印象中,竹子似乎不会开花。但事实是怎样的呢?

　　其实呀,竹子会开花,并且与生长地的气候、土壤等环境密切相关。比如衰老的竹子在天气干旱的环境中得不到足够的养料时,就会开花,让繁育出来的下一代能够适应新的环境。

　　竹子开花结果后就会枯死,与它相似的植物有很多,比如麦子、花生等。只不过这些植物属于一年生植物,每年都会开花,所以不觉得稀罕,而竹子多年才开一次花,比较罕见,因此就觉得奇怪了。

竹子花

竹子为什么很难长得特别粗?

　　竹子长得高高的,远远看去,葱葱绿绿,如海洋一般碧波荡漾。但是与其他树木相比,竹子的身材十分苗条,而且很难长得特别粗,这是为什么呢?

　　竹子是单子叶植物,而树木是双子叶植物,两种植物的茎有鲜明的区别。双子叶植物的茎上有"形成层",而单子叶植物没有。绝大多数的树干都是由三个部分组成的,即最外面的树皮、中间的形成层(韧皮部)、最内层的木质部,而树木长粗是因为形成层的细胞不断分裂。但是,竹子是空心的,它没有形成层,所以只能长高,不能长得特别粗。

空心茎

"冬虫夏草"到底是虫还是草呢？

❶ 蝙蝠蛾在产卵

小朋友们，有很多动植物都有着十分有趣的名字呢！但是，我们可不能混淆了呀！要知道，海马不是马，天麻不是麻。但是，"冬虫夏草"是什么呀？它是虫还是草呢？

其实呀，冬虫夏草是一种名贵的药材呢！它的外表很独特，冬天是虫子，春天又变成了草。那么，它是怎么"变身"的呢？现在就来看看吧！

❷ 幼虫钻入土壤

在夏季，一种身体娇小的蝙蝠蛾飞在花叶上，产下千千万万个卵。卵随着叶片落到地面，经过1个月左右的时间孵化成幼虫。幼虫钻入松软的土层，吸收植物根茎的营养，将自己养得肥肥胖胖。

这时，土层中的子囊孢子会钻进蝙蝠蛾幼虫的体内，吸收养分，长出菌丝（图中绿色为菌丝，橙色为孢子囊，蓝色为孢子）。受到子囊孢子侵袭的幼虫逐渐向地表蠕动。由于体内真菌大量繁殖，几乎充满整个身体，在距地表2～3厘米处，幼虫会头朝上尾朝下死去。这时正好是冬天，因此称为冬虫。

❸ 长出菌丝

隔年春夏交接时，菌丝体从幼虫的嘴里"爬"出来，接着伸出地面，成为我们所说的"冬虫夏草"。仔细观察就会发现，它的顶端有些膨胀，表面有许多球形的孢子。这些孢子很轻，可以随风飞舞，能够大范围地寻找蝙蝠蛾幼虫哦！

❹ 幼虫死去

智慧大本营

冬虫夏草一般长在高寒地带和雪山草原，主要集中在我国四川、西藏自治区、云南、青海、甘肃等地。冬虫夏草十分名贵，它具有补充精髓、止血化痰、益肾养肺等功效。

❺ 真菌子座长出地面，像小草，故称冬虫夏草

何首乌为什么能乌发？

市场上，有很多生发产品都含有何首乌成分。而何首乌能乌发的功能世人皆知，在民间更是广为流传，受人青睐。

小朋友们，你们知道何首乌为什么能乌发吗？

研究表明，何首乌具有很高的药用价值，它能够抵抗衰老、降低血脂，还能提高人体免疫力呢！长白头发、头发掉落都和新陈代谢、衰老有关，从这个角度来说，何首乌的确具有治疗白发、促进长出新头发的功效。

苔藓是植物吗？

在潮湿的地方，我们常常能看到地面上有一层青色的毛茸茸的东西，不小心踩在上面，可能还会滑倒呢！其实，那就是苔藓。让人疑惑的是，苔藓是什么？它是植物吗？

没错，苔藓的确是一种体型很小的绿色植物。它的结构很简单，只有茎和叶子两部分，有时只有扁平的叶状体，找不到真正的根和维管束。苔藓植物分布的范围很广，一般生活在热带、温带或者寒冷地区，在南极也能看到苔藓的身影哦！

菟丝草是"寄生虫"吗?

在长满大豆的田地里，我们经常能看到绿色的豆茎上缠绕着黄色的细丝。小朋友们，其实这细丝是素有"催命纹索"之称的菟丝草。

菟丝草就像个吸血鬼，它不自己吸收土壤中的营养，而是去吸收大豆茎内的营养，所以，它是一种全寄生植物。菟丝草像条毒蛇，它把大豆越缠越紧。所以，只要被它缠住，大豆的营养将被全部夺去，最后枯萎，甚至死亡。可以说菟丝草是个名副其实的"寄生虫"呢！

智慧大本营 ↑

寄生植物分为两种，全寄生植物和寄生植物。它们除了生命力、繁殖能力都很强之外，在结构上也有奇特之处。比如有着起固定、吸收作用的吸器，长相也极为简单。

瓶子草是怎么捕食昆虫的？

小朋友们，你们在花卉市场看到过一种长得很像瓶子的植物吗？它的叶子绿得发亮，而"瓶子"的用处很不一般，是用来捕捉昆虫的呢，它就是瓶子草。瓶子草与捕蝇草、猪笼草都是以昆虫为食的植物！那它是怎么捕食昆虫的呢？

瓶子草会自己制造陷阱哦，它通常用蜜汁吸引昆虫。在瓶子草的捕食器上有许多蜜腺，分泌出来的蜜汁内含有果糖。对昆虫而言，蜜汁虽然美味，昆虫爬进瓶子草吃蜜汁，因瓶子内壁很滑，容易滑落瓶中，最后被瓶中的消化液消化掉。有些瓶子草分泌的蜜汁具有麻痹性，昆虫食用后会直接麻痹而被消化掉。所以瓶子草是食虫植物中的捕食高手。

小昆虫掉入了瓶子草的"瓶子"内，那就很难爬出来啦！

真有会驱赶老鼠的植物吗？

老鼠过街，人人喊打，似乎每个人都讨厌老鼠，因为它不仅爱偷吃粮食，而且身上还携带着大量的细菌。猫是老鼠的天敌，有些植物也能驱赶老鼠哦。

有种植物名叫"鼠见愁"，听它的名字就知道，老鼠见了都愁呢！将它的植株晒干后，可以散发出一种味道，老鼠闻到后立刻抱头逃窜。曾经有人目睹过，老鼠遇到"鼠见愁"后，情愿跳水，也不愿意多闻。另外，像香菜、黄毛蕊毛、羊蹄躅等，都能散发出特殊的气味，把老鼠压制得死死的。

小朋友们，如果家中有粮仓，那么可以摆上几株驱老鼠的植物，这样老鼠就不敢靠近啦！

豚草为什么被称为"植物杀手"？

鲨鱼是海洋杀手，因为它体型大，牙齿锋利；

狮子是陆地杀手，因为它身手敏捷，力气大。植物界中也有厉害的杀手呢，它就是豚草。

豚草是一种生活在田间的杂草，它的种子总能隐藏在农作物中，然后被种植，而与豚草一起成长的农作物，长得都营养不良、叶片发黄。而且，豚草对人类也有伤害，吸入豚草的花粉后，就会出现过敏，引发鼻痒、咽痒、打喷嚏、咳嗽等症状，接着便感到胸闷、气喘，严重的还导致肺心病、肺气肿等疾病。

豚草虽然不会致人死亡，但病症很难痊愈，常常使患者在痛苦中煎熬。怎么样？它"植物杀手"的身份是否名副其实呢？

智慧大本营 ↑

豚草会严重影响农作物生长。它常常使农田大面积荒芜。世界各国为了清除它，花了大量的资金，但仍未彻底解决，谁让它的繁殖能力、生长能力那么强呢！

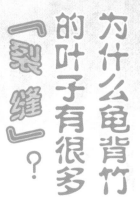

为什么龟背竹的叶子有很多"裂缝"？

有一种美丽的观赏植物，它的叶子很奇怪，长得很像乌龟的背。没错，它就是龟背竹。但让人不解的是，为什么它的叶子上有那么多的"裂缝"和"空洞"呢？这要从龟背竹的家乡说起。

龟背竹的原产地在热带雨林，那儿天气热、雨水多，所以经常受到狂风暴雨的袭击。如果长成完整的大片叶子，则很容易被风雨所伤害。为了不受伤害，它的叶子逐渐进化出缝隙和空洞，这样就能生存啦！

水果为什么有香味？

小朋友们，如果蒙上眼睛，将不同种类的水果摆放在你们面前，你们能根据气味辨别出是哪种水果吗？相信很多人都能猜出来吧！不过，你们可知道水果的香味是怎么产生的呢？

原来，成熟的水果会产生具有各种香味的芳香物质，这类物质主要是醇类和脂肪酸结合而成的酯类化合物。比如，香蕉在成熟后能产生200多种芳香物质，苹果在成熟后能产生100多种芳香物质。

根据这些香味，我们自然能将水果对号入座啦！

智慧大本营 ✦

水果的香气，不仅品种间差异比较大，在不同成熟时间里区别也是很大的，比如夏天成熟的菠萝就要比冬天成熟的菠萝香气更浓。桃子的芳香，也是到果实成熟时方能产生，如果过早采摘，没有到达一定的生理阶段，即使采下后存放也不会产生芳香味。

水果为什么有酸也有甜呢?

酸

水果不仅有香味，而且还有酸有甜呢!

水果中的甜味来自于果肉中的各类糖分，水果中主要含有葡萄糖、果糖、蔗糖，还有少量的山梨糖醇等。每一种水果内一般含有一种或多种糖分。

水果的酸味则是因为果肉内的果酸，主要含有柠檬酸、苹果酸、酒石酸，也含有少量的草酸、水杨酸。

这下明白了水果有甜有酸的原因了吧!

甜

酸甜

为什么有些水果涩涩的很难吃?

不是所有的水果都是酸酸甜甜的，有些水果尝起来就很涩，尤其是一些没有成熟的水果。那么，水果的涩味是由什么物质引起的呢?

原来，水果中含有一种名为"单宁"的物质。比如没有成熟的香蕉和柿子，它们的果肉内含有较多的单宁物质，果皮中含量最高，比果肉多出好几倍。单宁物质能够刺激人的味觉，让人感到涩味。等到水果成熟后，单宁转化为其他物质，涩味便消失了。

涩

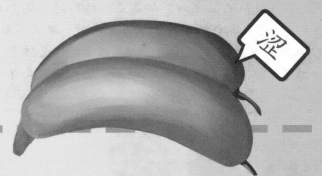

有这样一种现象，遇到虫害的水果总是熟得快，这是为什么呢？

果实在成熟前，里面会发生许多变化，越成熟的果实水分就越多，里面的淀粉就会转化成糖，糖分增多，酸性便会减少，果肉细胞膨胀，尝起来自然可口。

而果实的香味、果肉内的维生素以及果皮上的蜡质逐渐增多，这些都是需要氧化作用的，所以氧气必不可少。但是，一般的果实表皮都有一层蜡质，使得氧气不容易进入，于是氧化作用十分缓慢，果实成熟也就慢了。当那些害虫被果实的香味和鲜艳的颜色吸引后，它们就会想方设法地钻破果皮、进入果肉内，于是大量的氧气也进入了果肉，氧化作用变快，水果自然也就熟得快了。

遇到虫害的水果为什么反而熟得快？

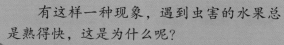

植物果实成熟后为什么会变色、变软、变甜？

果树刚刚结果实时，果实都是青色或绿色的，尝起来又硬又涩。等到果实成熟后，它又变成黄色或红色的，尝起来又软又甜。这是什么原因呢？

果实中含有多种色素，比如绿色素、叶黄素、红色素等，果实没有成熟时，所含叶绿素最多，所以表皮多为青色。果实成熟时，叶绿素减少，各种能呈现黄色和红色的色素居多，所以表皮变成了黄色或红色。并且，没成熟的果实细胞都是紧紧排列的，成熟后，果实细胞变得稀疏，果实自然就软了。与此同时，果肉细胞内的淀粉和一部分酸性物质转化成了糖分，所以味道就变甜了。

小朋友们，这下知道果实大变身的秘密了吧！

青香蕉和硬柿子
为什么不能马上吃？

小朋友们，当你走进果园，亲手摘下一个青香蕉或红形形的硬柿子来吃时，果园的工作人员是不是对你摆手说不能吃？没错，刚刚摘下的青香蕉和硬柿子吃起来有一股强烈的涩味，与我们在水果市场上买的香甜可口的香蕉和柿子完全不一样。你知道这是什么原因吗？

其实呀，这是果肉中的"单宁"在作怪呢！单宁能够产生涩味，随着果实越长越大，单宁细胞也跟着长大。不同的品种，单宁的含量也不同，有多有少，有些能自行脱涩，有的则要人工脱涩。比如柿子，甜柿子能自行脱涩，所以从树上摘下后能直接吃；而涩柿子的果实成熟后，虽然红红的，看上去很好吃但它们不能自行脱涩，所以从树上摘下后需要人工脱涩。香蕉也是这个道理呢！

小朋友们，一定要等到香蕉放黄、柿子变软之后才能吃哦！

好好吃的样子

不能吃！

智慧大本营

刚刚摘下来的青香蕉和硬柿子，如果量少，我们可以放入垫着稻草的缸中，然后插上一支点燃的香，密封一段时间后才能吃，也可以在石灰水中浸泡一段时间再吃。如果量多，可以放入密封性良好的房间或山洞内，接着喷洒适量浓度的乙烯利，再用薄膜盖严，一段时间后便能食用了。

香蕉是大家爱吃的水果之一，不过小朋友们，你们想过为什么香蕉会是弯的吗？

与葡萄一样，香蕉也是一簇簇生长的，它们紧紧挨着，沿着根状茎向两侧生长。

在生长过程中，每一根香蕉体内都分布着生长素，一开始香蕉是直着生长的，阳光照得比较多的一边生长素就较少，而阳光照射较少的一边生长素就较多，因为生长素分布不均匀，再加上植物的向光性，也就是朝上、朝着光的方向生长，所以，久而久之，香蕉就长弯了。

香蕉为什么都是弯的呢？

香蕉为什么没有种子呢？

绝大多数果树的种子都在果实内，比如梨子、橘子等，它们的种子让人一目了然。但是香蕉不一样，它的果实内看不到一粒种子，那么，它的种子去了哪儿？

大家见过香蕉树吗？香蕉属于多年生草本植物，是有花植物，根据大自然的规律，它是能结籽的。所以，在很久以前，香蕉也是结种子的，而且种子十分坚硬呢。但是，那时候的香蕉吃起来比吃西瓜还要麻烦，一点也不过瘾。为了满足人类的需求，科学家们人工培育香蕉，让坚硬的种子退化逐渐消失。其实，我们在现今的香蕉内还能看到退化的种子，就是果肉内那一排排褐色的小黑点哦。

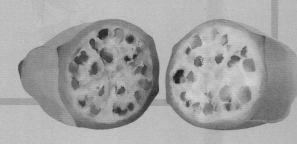

大多数水果放入冰箱冷藏一段时间后，尝起来依旧香甜可口。但是香蕉却不能放在冰箱中冷藏，小朋友们知道为什么吗？

香蕉为什么不能在低温下保存？

原来呀，咱们刚摘下来的青香蕉还在进行呼吸作用呢！在15℃左右时，香蕉会从青色变为黄色，这是因为果实内的淀粉正转化为糖，破坏果皮的绿色素，黄色素自然占主导位置啦。当呼吸作用达到最高峰时，果实能够产生大量的"乙烯"，这是一种催熟剂。最后，香蕉成熟了，那果实尝起来香软可口，而外表更加黄灿灿了，十分诱人。

如果在13℃以下的温度冷藏，会减弱呼吸作用，香蕉的皮一直都是绿色的，延缓了乙烯的产生，成熟缓慢。如果温度更低，香蕉就会发生冻害，果皮变成暗灰色，甚至是黑色。果肉尝起来像面粉一样，淡而无味。

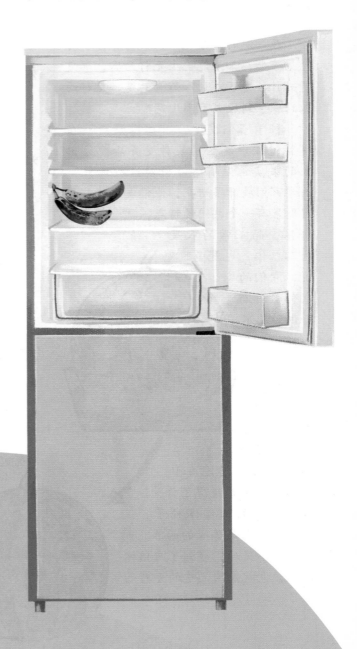

智慧大本营 ↑

香蕉除了不能冷藏外，还不能放置在高温中。如果温度高于30℃，那么果实成熟速度变快，果肉容易腐烂、变质。所以，香蕉十分娇气，只有掌握了它的脾气，才能尝到色香味俱全的果肉呢！

无籽西瓜为什么没有籽?

在炎热的夏季吃上一口西瓜，顿时感觉凉爽，如果能吃上无籽西瓜，那更是一种享受了。让人好奇的是，无籽西瓜的瓜子到底去了哪儿呢?

科学家们发现，一些瓜果蔬菜在发育过程中发生了某种变异后，结出来的果实都没有籽。针对这一现象，科学家们展开了研究，他们发现这些无籽瓜果有一个共同的特点，就是都为三倍体，而正常的瓜果为二倍体，也就是说，它们的染色体数目与普通的瓜不一样。

科学家们把这种发现应用到了西瓜上，他们把二倍体西瓜浸泡在秋水仙碱中，并获得了作为"母本"的四倍体种子，"父本"则是普通的西瓜，两者经过杂交后，得到了三倍体西瓜，也就是咱们吃的无籽西瓜了。

无籽西瓜无法通过种子繁殖，只能依靠人工培育。无籽西瓜与普通西瓜有很大差异，无籽西瓜不仅没有种子，而且还特别甜。这是为什么呢?

在人工培育无籽西瓜时，选取的都是比较优良的母本和父本，这无形中保证了无籽西瓜的品质。无籽西瓜没有籽，所以西瓜藤将吸收来的营养物质都输送到果实内，果实自然就甜了。当然，这也与栽培技术和管理有关，多使用家肥、饼肥，无籽西瓜的含糖量会更高，吃起来怎么会不甜呢?

无籽西瓜为什么要比普通西瓜甜?

优良二倍母体

秋水仙碱

无籽西瓜培育过程

三倍体
无籽西瓜

优良四倍母体　　优良二倍父体

西瓜为什么不宜冷藏后再吃？

在炎热的夏季，很多人买回西瓜后，不是立即吃，而是先放入冰箱内冷藏，以求凉快。其实，这种做法是错误的哦！因为冰西瓜吃多了会损害咱们的身体健康呢。

西瓜内有很多瓜瓤，被冷藏后，瓜瓤吸收了大量的冷气，最后凝结成冰晶。吃西瓜时，那冰冷的感觉不仅刺激着牙神经，更把冷气带入了体内，伤害脾胃。有时候，咱们吃西瓜时感觉"沙"味，就是因为冷藏了的缘故呢。另外，西瓜本来就是寒性水果，再冷藏的话，只会雪上加霜哦！

了解这些知识后，小朋友们下次就不要冷藏西瓜了。

智慧大本营 ↑

西瓜不宜冷藏，最好现买现吃。如果买回来的西瓜温度较高，可以放入冰箱降温。记住，冰箱的温度调至15℃，放入冰箱的时间不要超过2小时。这样，既可以消暑降温，又能不伤害人体健康，真是一举两得。

无花果为什么不开花呢？

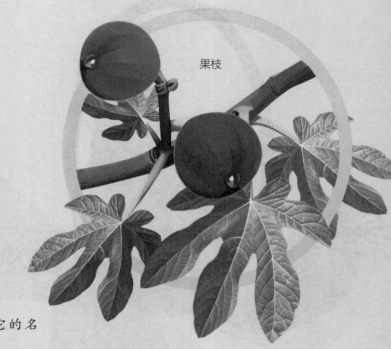

果枝

无花果，是不是如它的名字一般不开花呢？

一般而言，花由四个部分组成，分别是花托、花被（花萼和花冠）、雄蕊、雌蕊。花托把花被和雌蕊、雄蕊高高抬起，所以看起来十分夺目，不仅能轻易吸引传播花粉的昆虫，而且还招人喜爱。

无花果不但开花，还有两种不同样子的花，即雌花和雄花，只不过这些花朵喜欢玩捉迷藏的游戏。如果你们细细寻找，就会发现它的花静悄悄地藏在新枝叶的腋间，而它的雌花、雄花藏在囊状的总花托里面。总花托顶端凹陷进去，就好像一间大房子。

所以，无花果是有花的，而且1年会开2次花呢。

无花果树

花在这里哦！

总花托

甘蔗为什么下部比上部甜?

买甘蔗的时候，我们总是习惯性地不吃上部分，为什么呢? 因为上部分味道没有下部分甜。那么，这是什么原因呢?

植物生成的有机物，比如淀粉，都需要通过光合作用来产生。这些有机物可供植物进行呼吸作用，或者是维持植物生命活动的需要，余下部分的有机物会积累下来。甘蔗叶的光合作用和呼吸作用很强，根吸收的矿物质、水分不停地向茎、叶运输，所以甘蔗上部的水分很高，糖浓度低。而甘蔗上部分多余的有机物会不停地向下运输，下部分积累了许多有机物后就开始制造淀粉。淀粉转化为蔗糖需要一定的时间。由于甘蔗下部分生长时间长，所以淀粉含量多，糖的含量也比上部高。小朋友们，这就是为什么甘蔗下部比上部甜的原因。

水分和矿物质

有机物

有机物沉淀

为什么西红柿又叫"狼桃"?

西红柿的颜色很鲜艳，尝起来酸甜可口，而且果肉内含有丰富的营养。但是在最初的时候，人们不敢食用它，并给它取了个可怕的名字——狼桃。这是为什么呢?

原来，西红柿原产地在南美茂密的树林里，虽然它很讨人喜欢，但当地人觉得它有毒，谁让它的颜色那么红。别说吃，就是碰也不敢，所以人们像畏惧狼一般畏惧它，而它和桃子又有几分相似，故名"狼桃"。

到了16世纪，英国的一位公爵迷上了"狼桃"，并把它献给了伊丽莎白女王，自此，狼桃被大量种植，但也只是观赏。到了18世纪，法国的一位画家禁不住"狼桃"的诱惑，他吃下了一口，不但没有毒死，而且口味独特。因此狼桃被推上了餐桌，成为人人爱吃的西红柿。

草莓的种子为什么长在果肉的外面?

我们这样可以更好地传播!

草莓有着一张"麻子脸"。瞧，它脸上的"麻子"密密麻麻地排列着。其实，"麻子"是草莓的种子呢！但让人不解的是，为什么草莓的种子都长在果实外面呢？

仔细观察，草莓的种子上有着细细的茸毛，当动物碰到后，种子会黏在动物的皮毛上，然后被带去远方，落地生根。另外，草莓即使被动物吃了，它的种子也很难消化，种子会被排泄出来，然后长成一株株草莓。

说到底，草莓很有"智慧"呢，为了繁殖后代，种子才长在果肉外。同时，这也是大自然选择进化的结果。

智慧大本营 ↑

草莓很好吃，但清洗起来比较困难，因为它很娇嫩，一搓洗就破。所以，要用自来水不断地冲洗。洗干净的草莓不要立马吃，最好放在盐水中浸泡5分钟，达到消毒的作用。

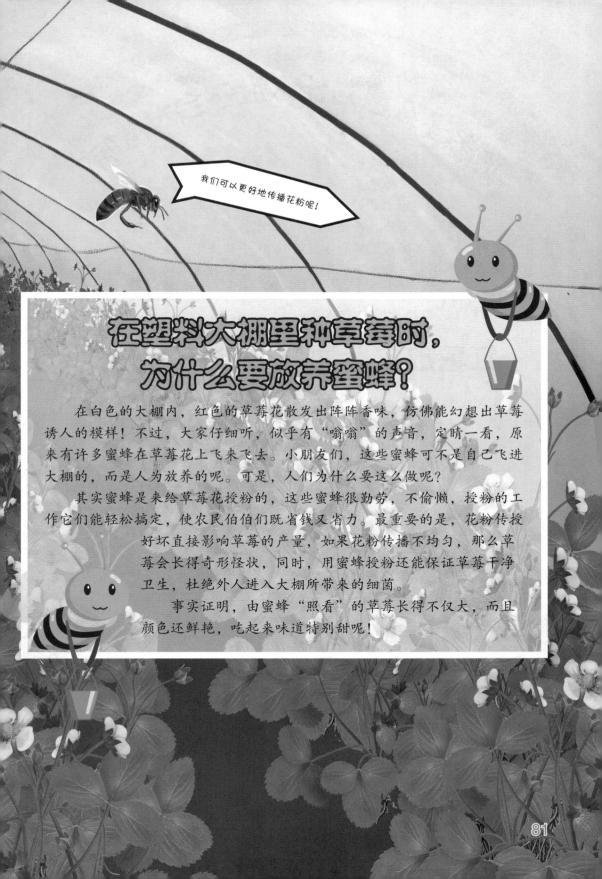

我们可以更好地传播花粉呢!

在塑料大棚里种草莓时，为什么要放养蜜蜂？

在白色的大棚内，红色的草莓花散发出阵阵香味，仿佛能幻想出草莓诱人的模样！不过，大家仔细听，似乎有"嗡嗡"的声音，定睛一看，原来有许多蜜蜂在草莓花上飞来飞去。小朋友们，这些蜜蜂可不是自己飞进大棚的，而是人为放养的呢。可是，人们为什么要这么做呢？

其实蜜蜂是来给草莓花授粉的，这些蜜蜂很勤劳，不偷懒，授粉的工作它们能轻松搞定，使农民伯伯们既省钱又省力。最重要的是，花粉传授好坏直接影响草莓的产量，如果花粉传播不均匀，那么草莓会长得奇形怪状，同时，用蜜蜂授粉还能保证草莓干净卫生，杜绝外人进入大棚所带来的细菌。

事实证明，由蜜蜂"照看"的草莓长得不仅大，而且颜色还鲜艳，吃起来味道特别甜呢！

吃多了红薯为什么肚子会发胀呢?

红薯好吃,但不能多吃,因为吃多了会胀肚子,这是什么原因呢?

红薯内有很多淀粉,等淀粉转化为糖时,吃起来甜甜腻腻的。当然,红薯内还含有一种名为"气化酶"的物质,咱们吃多了胀肚子,就是这种物质在作怪呢!它在胃肠里翻江倒海,制造出许多二氧化碳气体,让人不仅胀肚子,还感觉到烧心呢,严重时还会吐酸水。

小朋友们,告诉你们一个小窍门,在吃红薯时吃点咸菜,能够抑制胃酸哦!

红薯放久后为什么会特别甜?

喜欢吃红薯的人有一个共同的经验,就是刚收获的红薯味道很淡,储藏一段时间后,红薯的味道变浓了,吃起来甘甜可口。这是什么原因呢?

原来,红薯在生长期间,其自身的温度相对较高,体内积攒了许多淀粉和水分,糖分相对较少,所以,这时候红薯吃起来水分多、味道淡。储藏一段时间后,红薯体内的水分减少了,皮上出现褶皱,这对甜度有很大的影响。我们可以从两个方面来说,首先,水分减少,红薯中糖的浓度升高;其次,在储藏期间,水促使红薯内的淀粉分解转化为糖。如此,红薯内糖分增多,吃起来自然甜了。

不过小朋友们可要注意了,红薯不是储藏的时间越长味道就越甜,也有可能腐烂哦。

智慧大本营

红薯很怕冷,当储藏的温度过低,就会冻伤,食用时烧不软;温度过高的话,又会发芽。所以,室内储藏时,应该放在温度为15℃左右的木箱内,然后盖些东西防潮。

糖 — 淀粉 — 水

辣椒不仅口味好，而且还具有防止食物腐烂、延长存放时间等功能。可是，吃过辣椒的人都觉得辣，那

辣椒为什么是辣的？

辣味是怎么产生的呢？

咱们的味蕾能尝出酸、甜、苦、辣、咸，而辣椒中的辣则是其中的味觉之一。辣椒之所以那么辣，其实是辣椒碱在作怪呢！辣椒碱越多，辣味就越强，而辣椒碱有很多种，所以被统称为"辣椒素"。

小朋友们，当咱们吃辣椒时，舌头好像起火了似的，这是因为辣椒素刺激到了口腔黏膜和三叉神经，产生了刺痛灼热的感觉。有时候，当辣椒水溅到皮肤上后，也会有这种灼热感呢，甚至皮肤会发红、疼痛。如果把辣椒水弄到眼睛里，那带来的伤害更大呢！

辣椒虽然是个好宝贝，但食用时一定得加倍小心哦。

为什么辣椒会从绿色变成红色？

辣椒是一位变脸技艺高超的师傅，它能够从绿色变成红色，这其中的奥秘是什么呢？

辣椒中含有叶绿素和辣椒红素，当辣椒未成熟时，叶绿素的含量高于辣椒红素，所以显示出绿色。不过叶绿素容易分解，而辣椒红素比较稳定，时间久了，叶绿素被逐渐分解，这时辣椒红素的含量高于叶绿素，所以就显示红色。青辣椒也就变成了红辣椒。

在白雪皑皑的冬季，如果能吃上新鲜的西红柿或黄瓜，这该多么幸福啊！在过去，人们很难实现这样的愿望，但现在却能轻而易举地做到。这种反季节的蔬菜是怎么种出来的呢？

所有植物的生长都少不了温度、光照、营养、水分等条件，没错，蔬菜也一样。而冬季太寒冷，不利于蔬菜生长。于是，针对这个问题，人们给蔬菜创造了有利的条件。比如，利用高新技术建大棚，人工调节或计算机控温、施肥、光照等。

瞧，人类用智慧的大脑解决了冬季气温低、光照不足等问题，种植出反季节蔬菜，满足了人们的需求。现如今，反季节蔬菜可以全年供应呢！

反季节蔬菜都是怎么种出来的？

智慧大本营 ↑

通常情况下，大棚的骨架都是用竹子或钢筋搭建起来的，上面盖了一层或者多层的塑料保温薄膜。薄膜可以防止蔬菜在生长过程中流失二氧化碳，达到保温的效果。而大棚内的温度都是高于外面的温度，所以户外温度升高时，可以打开大棚通通风。

发芽的马铃薯为什么不能吃？

马铃薯是一种块茎长在地下的农作物，它十分有营养。但是，发了芽的马铃薯不能吃，把芽眼和附近的组织彻底剜出，剩下的薯块才能吃。这是为什么呢？如果问爸爸妈妈，他们一定会解释发了芽的马铃薯有毒，事实上真的如此吗？

马铃薯块茎上坑坑洼洼的，其实那是芽眼，通常情况下，三个芽眼中只有一个能发育成幼苗。萌芽后的马铃薯块养料消耗快，容易滋生细菌，会渐渐腐烂。同时，马铃薯体内会产生一种龙葵素，使薯块颜色变绿，人类和动物吃后都会中毒。

因此，发芽的马铃薯一定要把芽眼和附近的组织彻底剜出，充分煮熟才能吃。如果要炒着吃，应在烹调时加点醋，加速龙葵素的破坏。

马铃薯要怎么储藏？

小朋友们都知道发芽的马铃薯不能吃，扔掉好可惜啊！那么，有什么妙方能防止马铃薯在储藏期间发芽呢？

我们可以在干土或者纸屑上喷上一种名为"萘乙酸钾"的物质，然后混入马铃薯中，这种药物能够抑制马铃薯块茎发芽生长。根据储藏时间长短的要求，可人为控制药物的浓度。在生产上，这种方法被用得最多。

还有一些法子，例如在马铃薯收获前的23周，将青鲜素喷在田间，等到收获后，储藏的马铃薯便不会发芽了。这样，人们在一年四季都能尝到马铃薯了。

我再也不吃发芽的马铃薯啦……

智慧大本营

新鲜的马铃薯中含有微量的龙葵素，对人体没有伤害，但在储藏过程中，龙葵素的含量越来越多，只需食用0.2~0.4克就能中毒。症状有脑水肿、充血、中枢神经麻痹等。并且对红细胞有溶血作用，产生咽喉灼痛、上吐下泻等症状，严重时可致心脏衰竭。

到了春天，多数的萝卜都空心了，原因还得从萝卜的生长过程说起呢！

众所周知，秋天是播种萝卜的最佳季节，那时候的萝卜长得特别快，根不停地吸收土壤中的水分和养分，叶子也在进行光合作用，制造出养分。当天气转凉时，萝卜叶子制造的养分都储存到根里，根部一天天长大了。等到冬季来临后，根部的重量越来越大，往往超过茎叶质量的好几倍。

春天到了，萝卜开花时需要大量养分，由于来不及制造，所以只能使用储存在根里的养分。养分被迅速地消耗，萝卜的肉质也从紧密变得疏松了，也就是空心现象。

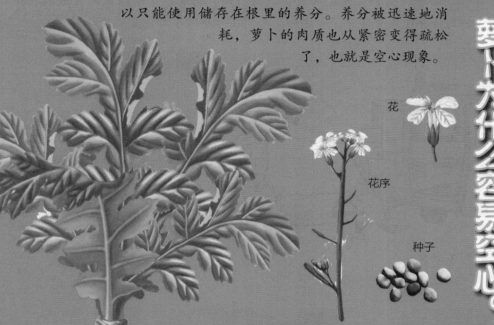

花

花序

种子

萝卜全株图

到了春天后，萝卜为什么容易空心？

智慧大本营

其实，冬天最该吃的就是白萝卜。白萝卜含有蛋白质、脂肪以及丰富的钙和维生素及磷、镁等矿物质，生吃时辛辣的成分可促进胃液分泌，调节胃肠功能，具有消炎、止咳的作用；而做辅料炖着吃，可补气顺气。

萝卜为什么会分叉甚至开裂?

不少农民伯伯在收获萝卜时，总会发现一些奇形怪状的萝卜，比如分叉、开裂等。这是什么原因呢?

其实，当萝卜长大时，它的肉质根的侧根会膨大，接着便分叉。有时候，栽种萝卜的土层太坚硬、太稀薄，也会造成分叉或开裂呢! 小朋友们，在收获萝卜时，一些萝卜坑内有碎石、瓦片和树根的话，那萝卜也不能正常生长，会长出叉根。

当然，萝卜分叉的原因还有很多，比如积水、干旱等。只有细心照顾，才能减少萝卜开叉的概率。

黄花菜为什么要晒干后才能吃?

黄花菜不仅长得好看，而且还很美味呢! 不过，黄花菜可不能直接吃，它需要晒干后才能食用，小朋友们知道这是为什么吗?

黄花菜中含有一种名为"秋水仙碱"的物质，这种物质在人体内氧化后，能产生二秋水仙碱。二秋水仙碱是个"恐怖分子"，能刺激人体的呼吸道、肠胃，使人产生恶心、胃痛、腹泻等症状，严重的还能致人死亡。

所以，现摘的黄花菜不能直接吃，应该晒干、蒸熟后食用。因为那样，秋水仙碱就不存在了。不过，在食用前，最好用清水或温水浸泡一下，这样能去掉残留的有害物质。

秋水仙碱

木耳吃起来清脆可口，但奇怪的是，它老爱长在木头上。这是为什么呢？

首先，我们要知道，木耳是由木耳孢子长成的。当孢子落在木头上后，在适宜的环境中就能长成菌丝。菌丝钻入木头内，分泌出各种酶类，把木头内的纤维和木质素分解并消化，形成菌丝体。

当水分充足时，适宜的温度加快了酶类活动，菌丝新陈代谢加强，并迅速繁殖到木头外。这时，菌丝会产出许多担子，担子横裂成四个纵向排列的细胞，每个细胞又产生一个担孢子。担子的周围都是胶质，成为花朵状的子实体，也就是木耳。

现如今，人类已经掌握了木耳的生长习性和环境，能够大量地繁殖木耳，咱们平时吃的木耳，绝大多数都是人工栽培的哦！

智慧大本营 ◆

花朵状的子实体其实就是产生孢子的器官，而孢子就是木耳的"种子"。木耳表面光滑，内含孢子，但下面却粗糙，带有灰色的短茸毛，基部的短柄与木头相连。

大蒜为什么可以杀菌？

在一些菜肴中，我们往往能看到大蒜的身影。它不仅可食用，更能起到杀菌消毒的作用呢！它这神奇的功能来自哪儿呢？

大蒜的鳞茎内含有"蒜氨酸"和"蒜酶"，两种物质独立存在，只有将蒜头捣碎，两种物质才能接触。在蒜酶的作用下，蒜氨酸可分解成有挥发性的蒜辣素。蒜辣素能够破坏细菌的生存环境，能够阻碍细菌的繁殖和生长。所以，在日常饮食中，吃一点大蒜能够及时地消灭肠道内的细菌，保持身体健康。小朋友们，了解到这些知识后，你们还会讨厌吃大蒜吗？

洋葱头其实根还真贱?

洋葱头炒鸡蛋是一道美味佳肴，相信小朋友们都吃过。洋葱头是从地底挖出来的，但它可不是洋葱的根哦！

真正的根如胡须一般，就长在洋葱头底下，而洋葱头则是鳞茎。小朋友们不妨拨开洋葱头看一看，它的底下有个形状扁平的鳞茎盘，在中央的位置长有顶芽，叶子就是从那里面长出来的呢！

瞧，顶芽被一层层肥厚的白色鳞片包裹着，这些鳞片其实是由洋葱的叶子变化而来的，它们一层叠着一层，最后长成膨大的鳞茎。所以呀，咱们吃的洋葱头是茎，而不是根。

智慧大本营 ↑

由于洋葱味道辛辣，很多人都不愿意吃，特别是切洋葱的时候，会刺激得我们眼睛不断流眼，真是痛苦。但是吃洋葱有很多的益处哦，在欧美地区它还被誉为"蔬菜皇后"呢！不仅能降血糖、降血压，还能治疗糖尿病呢。

下雨后为什么地上会长出很多蘑菇？

在潮湿的森林和草丛中，我们经常能看到蘑菇。尤其在下雨后的地上蘑菇最多，这其中有什么秘密呢？

蘑菇是没有种子的，它只能依靠孢子来繁殖。孢子落在哪儿，就在哪里长蘑菇。蘑菇自身不会制造养分，只能把它的菌丝钻入土壤和腐木中，靠吸取外界养分维持生命。

孢子产生菌丝，吸收养分和大量水分后成为子实体，也就是蘑菇。蘑菇是腐生真菌，不能利用太阳光进行光合作用，因此也更适合在阴凉的环境下生长。起初，子实体很小，随着养分越来越多，子实体会伸展开来。因此，下雨后，环境中水分多且温度适宜，蘑菇长得又快又多。

蘑菇在生长的时候为什么不需要阳光？

蘑菇不是植物，是一种大型真菌，因为它的外形千奇百怪。大的如脸盆，小的如铁钉。味道也相差甚远，有的似鸡肉味，有的似辣椒味。更让人好奇的是，蘑菇喜欢在阴暗潮湿的地方生长，它们不需要阳光的照射。这是什么原因呢？

原来呀，蘑菇是个"怪胎"，它的身体内没有叶绿素，只有一种好氧性的腐生细菌。所以，蘑菇不能进行光合作用，只能靠吸取外界的水分和营养物质，达到成长的目的。正是因为这种生理功能和结构，不用阳光，它们也能茁壮成长。

为什么不可以随意采摘野生蘑菇吃？

在野外或是我们生活的城市的某些角落里，小蘑菇们打着小伞，在雨里嬉戏，看起来好不热闹呢！它们被五彩斑斓的颜色装扮得很美丽，但却隐藏着致命的危险哦！因为不是所有的蘑菇都能食用，有些蘑菇的毒性大着呢。

例如有些毒蘑菇的色彩鲜艳，摸起来黏滑，菌盖上长有补丁状的肉瘤，菌柄上布满了菌环和菌托，这些往往是在警告周围的动物"不要吃我"。而有些蘑菇虽然颜色比较单一，但毒性仍然很大。而且，野生的蘑菇生长环境往往较为恶劣，无论是否有毒都不适宜食用。

因此，小朋友们一定不要因为贪图好玩，就随意采摘野生蘑菇吃，以免发生危险。

智慧大本营

每年，世界各地都有误食毒蘑菇致死的人。人们对蘑菇总有一些认识上的误区：如认为只有颜色鲜艳的蘑菇才有毒，生长在洁净环境下的蘑菇没有毒，被虫子咬食过的蘑菇没有毒，等等。但事实证明，这些都不能作为判断蘑菇是否有毒的依据。虽然野生蘑菇可能会比人工养殖蘑菇口味更鲜美，但为了安全，我们还是应该尽可能食用来源可靠的蘑菇。

藕里为什么有小孔呢?

吃过藕的小朋友都知道，藕是荷花的地下茎，它被埋在水底。比较有意思的是，藕内有许多空心的小孔，它们就像蜂窝一般，一个挨着一个，大小不一地排列着。可是，这些小孔有什么作用呢?

我们人类需要空气，植物的生长也少不了空气。所以，藕想成活那也需要吸收空气。可是水底淤泥内的空气稀少，藕又长在淤泥内，这下该怎么办呢?别担心，莲藕的身体长出了一个个大小不一的孔洞，并让这些小孔与空心的莲叶叶柄相连。所以，当空气进入荷叶表面的气孔后，能够直接输送到莲藕内。

这下明白了吗?其实这些小孔就是空气通道，没有这些小孔，莲藕会腐烂在淤泥里呢!

藕是荷花的根吗?

很多人会认为，我们常吃的莲藕其实是荷花的根，因为它长得又粗又大。可事实真的如此吗?

莲藕都是一节一节的，切开藕，里面有一个个大小不一的气孔。藕具有顶芽和腋芽，节上有退化的鳞片叶。所以，每当顶芽和腋芽活动时，藕不仅要朝地下生长，也会有新枝长出地面。而莲藕不是真正的根，它是变态的根状茎，它真正的根长在茎之间的节上。

人们为什么说"藕断丝连"？

　　人们常说"藕断丝连"，为什么呢？吃过莲藕的人都知道，藕内有许多细丝，即便是藕断了，细丝依旧牢牢地黏住断藕。

　　植物需要生长，那就得有运输养料的组织，这种组织主要是由空心的、长筒状的细胞构成的导管。莲藕的导管是螺旋形的，也就是那些细丝，看起来很像微型弹簧。当把莲藕折断后，螺旋形导管便被拉伸，就好像有许多细丝连着一样。

　　这下知道"藕断丝连"的奥秘了吧！

雨后的春笋为什么长得特别快？

　　下一夜春雨，竹园内的竹笋常常能冒出芽尖，并且几天的工夫就能长成竹子了。难道春雨会魔法？不然春笋怎么能长得那么快呀？

　　原来，春天来临之前，天气变得干燥，竹子因为土壤缺少水分而长不快。要是来一场及时雨，土壤中水分一多，春笋们便纷纷冒出头。出土后的春笋长得极快，所以，要吃春笋得赶快挖，不然晚了春笋就长成竹子了哦！

花生为什么在土壤中结果？

花生有着地上开花、地下结果的习性。那么，它为什么在黑暗的土壤中结果实呢？

原来，花生的花有两种。一种为不孕花，它长在植物的顶端；另一种为可孕花，它长在植株分枝下端。花朵经过传粉受精后，花瓣凋谢，子房落入泥土发育成果实。科学家们在研究花生的遗传特性时发现，花生的果实发育需要黑暗、水分、压力等条件，其中黑暗的环境最重要。实验证明，缺少了黑暗，花生难以结果。

智慧大本营

花生有"落花生"之称，其实是有原因的呢！因为花生在传粉受精后，子房朝下生长，一直扎根在泥土中，接着又在土壤中长出果实，也就是花生。所以，形象地说是子房落下后在土壤中而生，"落花生"由此而得名。

切开的茄子放久后为什么会变黑？

茄子是我们常吃的蔬菜，这种蔬菜很会"变脸"，因为当人们切开它后，没过多久，它的切面就变黑了。这是为什么呢？

原来，茄子里面有一种名为"单宁"的物质，这种物质有一个特点，就是在空气中氧化后会变成黑色。

所以，当茄子切开后，表面的单宁物质暴露在空气中，时间久了，切面就变成黑色了。与茄子有相同性质的还有马铃薯、梨、苹果等，它们的果实中也含有单宁。

所以，小朋友们，切过的茄子和水果，千万不要放置太久，要随切随吃哦！

怎样才能使韭菜变成韭黄？

韭菜碧油油的，咱们吃的饺子馅内就有它呢！当然，有一种黄白色的韭菜更加美味可口！原来，这种韭菜叫"黄化韭菜苗"，也就是我们说的韭黄。这是一种典型的经过黄化处理的黄化植物。那么，什么是黄化植物呢？其实是指从种子生长到收割，一直被遮光处理，也就是用不透光的布或黑色塑料薄膜覆盖着的植物。

光能够调节植物内的生长素，植物在黑暗中能够大量分泌生长素，因而会更快地生长。另外，光还能促使植物的叶子展开，加厚幼苗的细胞壁，产生大量的纤维素、半纤维素等坚硬成分，使植物的水分减少，尝起来粗糙。而黄化植物截然相反，因为没有光的促进作用，黄化韭菜苗的茎细长脆弱，叶片长得很小，颜色为黄白色，吃起来清脆可口，柔软多汁。

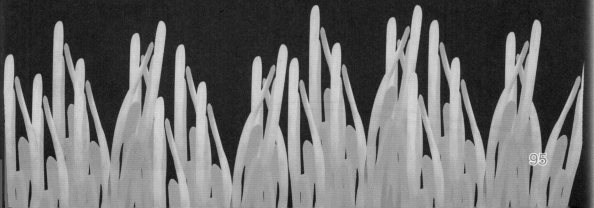

薄荷茶

薄荷为什么是清凉的呢?

薄荷糖吃过吗? 含在嘴里清清凉凉的。如果在炎热的夏季吃上一颗薄荷糖,顿时会觉得凉爽。那么,薄荷糖的神奇魔法来自何处呢?

其实,薄荷糖的原材料就是薄荷。薄荷是一种植物,在它的茎和叶子中,含有一种名为"薄荷油"的挥发油,它的主要成分是薄荷醇和薄荷酮。纯天然的薄荷油都是淡黄色的,闻起来芳香,挥发后,能刺激人体皮肤,给人一种清凉的感觉。

薄荷糖

在古埃及,人们有时会用薄荷充当赋税。

为什么麦苗在被踩后,反而会长得更好?

春季小朋友们踏青时,有没有见过农民伯伯在田地里踩麦苗呢? 小朋友们会不会担心麦苗被踩死呢?

事实上,麦苗不怕踩,当然这得有一个限度,如果死劲地碾压麦苗,那么麦苗必死无疑。如果轻踩轻踏,麦苗会长得更好呢! 因为在踩麦苗时,能够达到锄草、松土、保墒等作用,可以帮助麦苗吸收更多的养分和水分,当然长势好啦!

大米粒为什么不会发芽？

当稻子成熟，去掉稻谷的壳子后，就成了我们餐餐吃的大米了。如果把大米种在田里，它不但不会发芽，而且还会腐烂掉，这是什么原因呢？

稻子发芽必须依靠一种叫"胚"的东西，胚很小，并且被稻谷坚硬的外壳保护着。如果把稻壳去掉了，胚便没了保护，那么便无法进行生长发育。还有，胚长在稻谷的尖端，用机器脱壳时，胚会随着稻谷壳一同去掉，即使没有去掉，也会将其碰伤，这样大米粒也不会发芽。

同时，大米是细菌的最爱，将其直接种在泥土中，土壤中的细菌会把它迅速地"消化"掉。这样就更没有发芽的可能了。

稻壳

胚

稻种剖面图

印度的产稻历史相当悠久。由于气候适宜，使该国成为了全球最大的水稻栽培区，稻米产量仅次于我国。

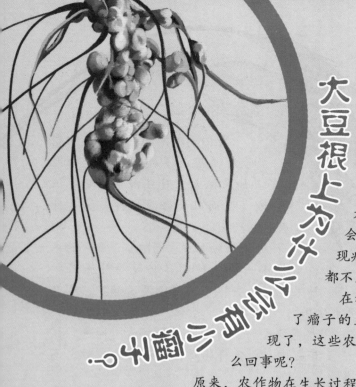

大豆根上为什么会长小瘤子？

长瘤子可不是什么好事，大豆就"不幸"中招了。小朋友们仔细看，在大豆根上长了许多形状不一的小瘤子，有的像梨，有的像葡萄，不知道的人一定以为大豆生病了。其实，细心观察后会发现，这些瘤子不仅没让大豆出现病态，反而使大豆越长越茁壮，都不用人们去施肥了呢。

在种植大豆后的第二年，人们在长了瘤子的豆地上种上其他农作物。怪事出现了，这些农作物长得比平常都要好，这是怎么回事呢？

原来，农作物在生长过程中需要足够的肥料，其中需求最多的是氮肥。而大豆根上的小瘤子里，有共生的根瘤菌，这些微生物能够吸收大量的氮气，把它固化成氮肥，供大豆生长。大豆为了回报根瘤菌，也把一些营养物质供给它们。

如此看来，大豆和根瘤菌还是一对互相帮助的好朋友呢！

豆类食品为什么有益健康？

豆子不仅能炒菜吃，而且还能制成豆类食品，比如豆腐、豆干、豆酱、腐乳等。制成豆制品的食物对人体是否健康呢？

豆类含有丰富的蛋白质，同时具备人体内所需的各种氨基酸，其营养价值堪比牛肉呢！另外，豆类食品内的脂肪量也高，还有维持人体健康的维生素E、亚油酸、卵磷脂等。豆子的蛋白和肉质蛋白不一样，它不含胆固醇，有降低血压、防止脑出血和动脉粥样硬化等作用。因此，经常食用豆类食品有益身体健康。

果期植株

食用大豆

同一个玉米棒上为什么会有不同颜色的颗粒？

在收获玉米时，人们经常发现在同一个玉米棒上常常有好几种颜色的颗粒，有白色、黄色、红色，紫色，十分绚丽，所以这种玉米又被称为"飞花玉米"，不过这是什么原因造成的呢？

小朋友们知道吗？其实玉米的故乡在中美洲，因为它的产量高，生命力十分顽强，所以被世界各地种植。由于每个地区的气候、水分、土壤等外界因素不相同，久而久之，栽培的法子也就不同了，自然形成很多个品种。而且，不同地区的人们对玉米的颜色有不同的嗜好，经过多番改良，玉米的颜色也就五彩斑斓了。再者，玉米是靠风来传播花粉的，风可以将雄花粉传播到雌花上，也可以吹到别株的雌花上，于是杂交出了不同颜色的玉米颗粒。

归根究底，是人为与大自然的魔力创造出多彩的玉米粒。

智慧大本营 ↟

五颜六色的玉米不稀奇，稀奇的是水果玉米。这种玉米长得和普通玉米一样，可尝起来完全不同。水果玉米十分甜、多汁、皮薄、脆而可口，就好像水果一般。当然，水果玉米的营养价值也很高，品种多得让人眼花缭乱呢！

我们是粗粮中的保健佳品，丰富的维生素 B_6 和维生素 C 可以让你长寿和美容哦！

花粉传播，
我来帮忙！

我是雄花！

我是雌花！

玉米为什么会有长须？

玉米很好吃，但吃起来十分麻烦，因为玉米的包叶内长有许多又细又长的"胡须"。这些"胡须"究竟是什么？

对玉米来说，"胡须"是必不可少的。玉米有雄花和雌花，当雄花的花粉落在雌花的柱头上后，玉米秆儿才能结出果实。雄花长在茎的最顶端，而雌花则聚集在叶腋，每一朵雌花都将一根根雌蕊伸到包叶外，这样才方便雄蕊传粉。也就是说，那一根根的"胡须"就是雌花的雌蕊。

小朋友们，玉米的长须很厉害呢，不但含有丰富的维生素，而且还有药用价值。

第4章

英俊挺拔的大树

大树为什么会有年轮呢？

每过1年，我们就会长1岁。树木也一样，每过1年，年轮就会长1圈。年轮不仅可以记录树木的年龄，还能显示出每一年的天气状况。小朋友们，你们知道大树为什么会有神奇的年轮吗？

大森林内有许多被砍伐的树木，我们观察年轮，会发现树皮和木质之间的是形成层，形成层的细胞分裂旺盛，不断地产生新细胞，而树木之所以能长粗，就是因为形成层哦，咱们所说的年轮，也是形成层活动留下的印迹。

春夏、秋冬季节，形成层生长速度截然不同。在春夏，由于雨水充足，所以形成层能分裂出许多新细胞，这些细胞颜色浅，个头大；在秋冬，天气变冷，雨水较少，所以形成层细胞分裂减缓，并且分裂出的细胞颜色深，个头小。

小朋友们，形成层细胞个头的大小和颜色的差异，就造成了一圈圈年轮。

智慧大本营 ◆

年轮的作用有很多，它可以研究树木的年龄。目前，世界上年龄最大的树木有美洲的刺果松、丁黄松等。另外，还能在年轮上找出火山爆发、地震等信息。比如圣海伦斯火山爆发给树内留下了一道名为"霜轮"的标记；地震过后的一些年，树木生长速度慢，年轮会较薄。

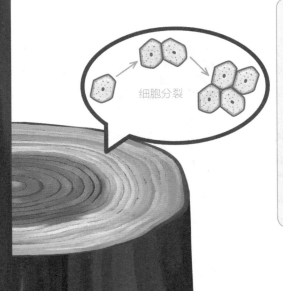

细胞分裂

树有性别之分吗？

小朋友们有男孩、女孩之分，不过，你们知道树木是否有性别之分吗？

大部分的树木是没有性别之分的，但也有一些例外，比如桑树、银杏等。这些树的雄株只开雄花，雌株只开雌花。它们自身不能授粉，只能借助外力，比如风力、昆虫等。因此，只种雌银杏树，附近又没有其他异性银杏树的话，它是不会结果的呢！

树栽得越深越好吗？

小朋友们，你们栽种过树木吗？我们知道，种树的时候要挖一个很大的坑，那么，是不是将树栽得越深就越好呢？

其实那是错误的。树的根就像是吸管，它能够吸收养料和水分，如此树木才能长得枝繁叶茂。可是把树栽得太深，反而适得其反，阻碍生长。因为，树根在深层泥土中透不过气，吸收到的氧气极少，这抑制了根的呼吸作用，也使根吸收养分的动力减弱，果树缺水缺肥。

另外，栽得越深，微生物活动越微弱，不能及时将有机肥迅速分解供树根吸收，造成了多种养分流失。这下知道了吧？当我们在种树时，不要很深，适宜就好。

小朋友们,你们相信一棵果树上能同时结出好几种果实吗?其实,这是真的哦!在一些现代化的果园内,有的果树上不仅结着苹果,而且还结着梨呢!这是科技发展的结果。

科学家们为了满足人们的需求,他们把几种不同的果树树枝嫁接到一棵果树上,被嫁接的果树便能结出好几种果实。比如,在一棵苹果树上嫁接一株桃子、一株梨的树枝,过个一两年,便能看到苹果树上长着苹果、桃子和梨。

树为什么一旦被剥皮就会死呢?

如果脱掉北极熊那厚厚的"毛衣外套",它们在北极会不会冻死呢?结果是必然的。如果我们把树皮给剥掉了,它们是否也就死定了呢?

首先我们需要了解树皮的作用,它除了防寒防暑、防止虫害外,还承担着运输养料的职责。在植物的树皮中有一层叫作"韧皮部"的组织,韧皮部内排列着管道,叶子通过光合作用制造出来的养料就是由管道输送到根部和其他器官中去的呢。

小朋友们可以想想看,如果一棵树的树皮被剥掉了,那么就无法将养分输送到根部,根部吸收的水分和养分也无法输送到枝叶,紧接着,根会逐渐死亡,整棵树也会枯萎。因此,剥掉树皮的树必死无疑。

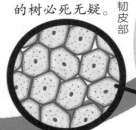

韧皮部

老树空心 为什么还能活？

我们在游览山林时，常常会看到一些空心的老树，让人诧异的是，它们依然生机勃勃地耸立着，这是为什么呢？

我们知道树干由三个部分组成，最里面的部分是木质部，它占据了树干的绝大部分，而且坚硬；中间的则是具有分裂能力的扁平细胞——形成层；最外层是韧皮部。形成层的细胞具有分裂的能力，所以会产生木质部和韧皮部，这也是树木年年变粗的原因。木质部的细胞呈管状，并且上下相通，能够将根部吸收的水分和养分输送到枝叶中。而韧皮部的细胞能将叶片制造的有机物运输到根、茎中去。

当树干中间的木质部死去，各种细菌和害虫会从韧皮部钻入，日积月累地将树心吃空。在这需要注意了，空的只是木质部的心材部分，而边材部还是好的，照样有运输的能力，因此能够保证空心老树正常生长呢。

智慧大本营

老树不怕空心，但是怕剥皮。树皮是树木运输营养的通道，一旦树皮没了，树木就会得不到营养，最后被"饿死"。

树干为什么是圆的？

植物的叶子奇形怪状，有圆形，有菱形，还有多角形。不过，纵观这些树木，它们的树干总是圆的，这其中有什么秘密不成？

我们都知道，一棵树的树干支撑着树叶、树枝、果实。从几何学原理的角度说，不同形状，相同周长，以圆的面积最大。所以，圆的树干具有最大的支撑力。

另外，圆的树干没有棱角，这有利于减轻风暴对树干的袭击，不管风暴从哪个方向吹来，树干受到的影响只有一小部分。由此可见，树干总是圆的是植物不停地进化、适应大自然的结果。

树木为什么长得比其他植物高大？

一到春夏，大自然一片郁郁葱葱，此时也是大部分植物生长的黄金季节。秋天到来后，很多植物的枝叶就会逐渐凋零枯萎，留下了种子或者根部，等待下一个春暖花开的时节，重新发芽生长。

但是，我们身边的树木却不是这样，秋冬的时候，叶子虽落尽了，可它们的枝干仍在悄悄地生长，只不过生长速度比春夏时要慢一些。另外，很多植物寿命只有一年，而树木的寿命短则几十年，长则几百年，它们这样一直生长着，自然要比其他植物高大粗壮得多了。

草原上为什么没有大树？

辽阔的草原，一望无边，除了羊儿吃着肥壮的草儿，我们只看见一些灌木丛，但是却瞧不见一棵高大的树木。这是为什么呢？

原来，草原上的土壤层很薄，通常只有20厘米左右，即使生长着灌木丛的土壤层也只有50厘米左右，再往下就是岩石层了。另外，草原气候变化无常，白天的时候气温高，到了晚上冷得令人发抖，并且草原水分很容易蒸发。

在这种苛刻的条件下，如果想让树木茁壮成长，那可真是很困难的！

智慧大市营 ↑

树木生长需要两个条件：首先要有很深的土壤层，使得树木能够扎根，以便吸收土壤中的养料、水分；其次要有足够的水分。草原不具备这两个条件，所以没有大树喽！

约50厘米

土壤层

约20厘米

岩石层

为什么春天是植树的最佳季节?

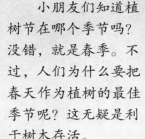

小朋友们知道植树节在哪个季节吗?没错,就是春季。不过,人们为什么要把春天作为植树的最佳季节呢?这无疑是利于树木存活。

仔细观察树木,在冬天和秋天的时候,树木就一个劲地掉叶子,树木的新陈代谢减缓,如果秋季种树,树木制造的养分少,很难成活。到了夏天,温度升高,树木可是会"中暑"呢!树苗很容易枯死,不易成活。而春天相对适宜,温度适中,小树苗们最爱在春天懒洋洋地晒着太阳,自由自在地生长。

移栽树木时为什么要截去一部分枝叶?

对于一棵大树,人们在将它移栽到另一个地方前,往往会先截去一部分枝叶,有时甚至将树枝全部截去。小朋友们知道为什么吗?

众所周知,树木在移栽的时候无法吸收养分,只能靠树木储存的养分维持生命,而过多的枝叶会消耗很多营养,只有截去一些枝叶和树根,才能保证不会在途中死亡。另外,当树木移栽到另外一个地方后,可能会不适应,所以在没有恢复之前,大量的枝叶也会迅速地消耗树木存储的养分,造成树木死亡。因此,移栽树木时截去部分枝叶,能使树木的成活率大大提高。小朋友们,下回看到工人们移栽树木截去一部分枝叶和树根时,可不要大惊小怪了哦!

光棍树为什么不长叶子？

在北方，每到秋冬，许多枝叶茂盛的树都变得光秃秃的，这其实是大自然的规律，因为它们需要脱落叶子、储存营养，以便安然越冬。有一种神奇的树，不论春夏秋冬，它都是一副光秃秃的形象。小朋友们不要以为这是枯树，实际上它生机勃勃！这种树名为光棍树，它不长叶子是有原因的哦！

光棍树生活在沙漠地区，那儿气候炎热干燥，很长时间不下雨，光棍树为了生存，便退化了叶子，减少蒸腾，节省水分，用绿色的茎和枝条代替叶子进行光合作用。当然，这种树还有一种很强的自我保护作用呢！一些吃叶子的动物瞧见了光棍树都会走开。

没有叶子的光棍树在沙漠地区几乎没有天敌，它们长得格外茁壮呢。

智慧大本营 ↑

虽然光棍树长得很独特，但我们不能轻易碰触哦！因为它的树汁是有毒的，接触皮肤后，皮肤会变得红肿，树汁不慎入眼后，眼睛会暂时失明。据医学表明，光棍树的树汁还能够加速肿瘤生长，严重时能致癌。

黄山松为什么那样奇特？

黄山上的松树比比皆是，而黄山松是当地独特的风景，它们形状不一，有的像桃子，有的像雨伞，有的像仙人。黄山松为什么那样千奇百怪呢？这与黄山的自然环境有很大关系呢。

黄山松的种子由风传播，它们坠落到石缝、泥土中，然后扎根、发芽、生长。由于地势陡峭，黄山松无法垂直生长，只能斜向生长，或者弯弯曲曲地生长。再者，因为风吹日晒，许多黄山松随着风势，只在一边长出了树枝。

如此说来，黄山松长得那么奇特也在情理之中了呢！

为什么高山上的松树多？

站在远方，望向高山，树木大多长在斜坡上，但在下雨时，山坡上的泥土经常被雨水冲刷，其中树木需要的养分也被冲走了。可是不下雨的话又容易干旱，很多树木在这样恶劣的环境中难以生存。但是松树不一样，它们盘踞整个山林，可以说是"山大王"呢！

因为松树的根系十分发达，它们能够有效地吸收贫瘠土壤中的养分，所以，即便环境再恶劣，它们也能顽强地生存下去。另外，松树的叶子是针形的，可以减少水分蒸发，让整棵树不至于枯死。而且，山上的风很大，松树的针形叶子使它们不容易被刮倒。

小朋友们，这下明白为什么高山上的松树多了吧！

松树为什么会产生松脂？

音乐家们在演奏二胡时，总会在琴弦上抹上松香，这样便能增强乐器的声响。其实，这里的松香就是松脂。松脂是种重要的原料，在化工生产中常常能看到它的身影。松脂来自于松树，而它是怎么产生的呢？

在显微镜下，我们能在松树的根、茎、叶子里面看到许多细小的、密密麻麻的管道，这就是松树的细胞间隙。这些纵横交错的管道贯穿整个树身，形成一个完整的管道系统，植物学家们称之为"树脂道"。

树脂道围着的是一层分泌细胞。分泌细胞在新陈代谢中分泌出松脂，并储存在管道内。每当松树受到伤害时，松脂便会流出管道黏合伤口。同时，松脂中的一些物质还有杀菌的作用呢！

小朋友们，说到底，松脂就是保护松树的法宝呢。

智慧大本营

在国外，每到圣诞节，孩子们会欢天喜地地装扮圣诞树，别提多开心了。我国人常把圣诞树误认为松树，其实不然，圣诞树是一种杉树，名为"圣诞云杉"。

世界上有不怕火烧的树吗？

可以说，火是树木的克星，多数被火烧过的树木都会死亡。但是，世界上也有不怕火烧的树木哦。这种树名为珊瑚树，也叫作避火树，在我国生长于南方地区。它的树叶既厚又密，一年四季都是深绿色的呢。

人们喜欢这种珊瑚树，因为它不仅外形好看，而且还有隔声、防尘等功能。当然，其中最大的用处就是抑制火势。珊瑚树的叶子和枝干富含水分，耐热能力强，即便遇到较强火势，也只是外面被烧焦而自身不会燃烧。除了珊瑚树，常春藤、海松等植物也能抗火烧，只要烧伤程度适中，以后还会发芽、长叶。

为什么檀香树旁要种上别的植物？

老师教导我们从小就要学会独立，但是檀香树不听话，它从小到大都依附别的植物而生。其实，这是檀香树一个与众不同的特性，如果旁边不种上其他植物，它就无法存活。这是什么原因呢？

在幼苗时期，檀香树都是依靠自己胚乳提供的丰富养料生长的，等长出10对叶子时，养料便耗尽了。檀香树不会自我制造养料，如果没有别的养料来源，那就会死去。不过，如果在它的旁边种上一株别的植物，境况就完全不一样了。因为，这个时期的檀香树根部长出了一个像珠子一般的圆形吸盘，它们能够吸附到旁边的植物上，靠吸取别的植物制造的养料过日子。

没想到，檀香树还真像个吸血鬼，难怪它又有"半寄生植物"之称呢！

铁树真的要60年才开花吗？

相传，铁树需要60年才开一次花。所以，人们常用"铁树开花"形容很难实现的事情。不过，铁树真的很难开花吗？

在我国北方，铁树开花难一些，一般得几十年开一次花，甚至一生不开花。这是因为铁树原产于比较热的地区，很难适应寒冷的气候，而北方恰好寒冷，所以难开花。在我国南方，一般有10年以上树龄的铁树，在适宜的环境下能经常开花。南方本就气候温暖、雨水充沛，所以每年都会开花。这说明，铁树开花没有我们想象中的那么困难呢！

智慧大本营 ♦

铁树浑身上下都是宝，它的根、叶、花、果实都能入药，对治疗风湿性关节炎、跌打损伤有很神奇的效果。但需要注意的是，铁树含有一些毒性，所以使用时需遵医嘱。

银杏树为什么被称为"活化石"?

银杏是我国的树木"活化石"!

银杏又叫"白果",它是世界上最古老的树木之一。据记载,银杏最早出现于3.45亿年前的石炭纪,其足迹踏遍世界各地。不过,到了冰川时代,大部分的银杏树灭绝了,只有少部分顽强地存活了下来。

现如今,咱们看到的银杏树有许多原始特征。比如,它们的叶子没有正反之分,这在植物界中很罕见。因为人们可以通过银杏树研究远古时代的地球,所以它被称为"活化石"。

智慧大本营 ↟

曾经,银杏树遍布全球,个头也大得惊人。但在经历第四纪冰川运动之后,世界其他地区的银杏都绝种了,而我国独特的地形条件,为银杏挡住了严寒,使它们得以生存下来。现在世界各地的银杏都是从我国传入的。

茶树为什么
喜欢待在南方呢?

茶是世界三大饮料之一,而我国种植茶叶的历史源远流长。茶树都是成片地生长的,我国长江以南的山区和半山区种植了许多茶树。制成的很多茶叶品种如碧螺春、铁观音等,在世界上都赫赫有名呢!不过,茶树怎么就那么喜欢待在南方呢?

因为茶树喜欢温暖、湿润的气候。众所周知,南方为鱼米之乡,雨水充沛,空气潮湿,所以茶树不缺少水分,生长迅速。另外,茶树偏爱微酸性的土壤,而我国南方的山区和半山区土壤大多偏酸性,适合茶树生长。

怎么样?这下知道茶树喜欢生长在南方的原因了吧!

你知道箭毒木的威力有多大吗？

在很久以前，人们会在箭上涂一层毒液，它不是蛇毒，也不是蜘蛛毒，而是来自一种植物——箭毒木。箭毒木的威力有多大呢？它可是会见血封喉哦！

箭毒木的树皮和叶子中有一种白色的汁液，如果不小心弄到眼睛里，可能会失明。箭毒木的树枝燃烧后，散发出的烟也能熏瞎眼睛。小动物若是被涂有这种毒的箭射中了，不出3秒钟，心脏立刻停止跳动。

虽然箭毒木的毒性大，但不妨碍它为人民服务。在医药上，它的树皮、树枝、汁液、种子等可以制成催吐剂、强心剂等；在工业上，它的茎能编织麻袋、绳索，而木材是纤维的原材料。

箭毒木真是让人又敬又畏啊！

智慧大市营

箭毒木有个霸气的名字——见血封喉，它是一种体型高大的常绿乔木，高度为25~30米。据悉，箭毒木不仅毒性大，也是目前最毒、最大的植物。

野生椰子树为什么斜向海边生长?

我国南方地区生长着许多椰子树。人们发现，大多数人工种植的椰子树长得笔直挺立，但是野生的椰子树却总斜向着海边生长，这是为什么呢？

细心观察下，野生的椰子树都生长在大海边。只有当树体斜向大海，椰子成熟时才会掉入海水中。椰子虽然个大，但能浮在水面，因为它的最外面有一层木壳，里面除了一层层厚厚的纤维，还有充足的空气。这样，椰子会被海水冲击到岸边，然后生根发芽。

小朋友们，椰子的这种特性其实是大自然选择的结果，因为斜向海边有利于种子传播呢。

真的有会流血的植物吗？

人和动物受伤后会流血。让人诧异的是，有的植物受伤后居然也会流血！

一般植物在损伤后，会流出无色透明的汁液，而像牛奶树、橡胶树能够流出白色的汁液。会流出像血一样液体的树木是生活在我国广东、台湾等地的麒麟血藤，它是一种多年生的藤本植物。

通常，麒麟血藤像蛇一样缠绕在树木上，茎有10米多长。切开一个口子，就会流出"血"一样的汁液。其实，这是一种很珍贵的中药，有着"血竭""麒麟竭"之称。经过专家们分析，麒麟血藤中含有单宁、还原性糖和树脂类等物质，可以治疗筋骨疼痛呢！

火麻树为什么会蜇人呢？

有种很不起眼的植物，平时很温顺，但真正惹毛了它，可是会蜇人呢！

据说，有人不小心碰到了这种植物，感觉就像是被蜜蜂蜇了一样，伤口顿时疼痒，接着红肿不堪，还会出现许多像荨麻疹一样的水泡，整整3天才能好呢。小朋友们，如此折腾人的植物其实就是火麻树。

火麻树的身上长有许多刺毛，就好像刺猬似的，让人不敢靠近。刺毛能够产生带有毒性的刺激性液体，碰触肌肤时，就像针管一样扎入肌肤注入刺激性液体，随即引起各种皮炎。所以，面对这种植物时，咱们得有多远躲多远。

春天杨树为什么挂满"毛毛虫"?

春天到了，杨树上总是挂满了许多"毛毛虫"。其实呀，这些"毛毛虫"并不是真正的毛毛虫，而是杨树的花朵呢！每年，当杨树的叶子枯萎落下后，杨树上便会长出许多小芽，也就是花苞。等春天到了，气温升高后，小芽便长成一串串，就好像毛毛虫。

走近观察，"毛毛虫"是由许多卵形的芽鳞片组成的，它们越长越大、越长越圆，最后爆裂开来，露出了棉絮状的小白毛，而杨树的种子则被白毛团团裹住，这和棉花很相似呢！每当微风吹过，棉絮便翩翩起舞，飞到四面八方安家落户。

樟树为什么全身都是宝?

樟树被人们称为"宝树"，顾名思义，就是它浑身上下都是宝贝。那它有哪些宝贝的地方呢？我们一起去找找看。

首先，樟树的木质特别坚硬，条纹也很美丽、细密，所以它是制造船只、家具的上等木材。其次，樟树能散发出一股独特的气味，咱们家中衣柜内放置的樟脑丸就是从樟树身上提取的呢！而且樟树还能用于医药卫生方面，制造电器绝缘材料等。

当然，樟树宝贝的地方还有很多，比如种子能够榨油，可提取肥皂液，还能制造外科手术的缝合线呢。小朋友们，樟树浑身上下都对人类有用，这下该承认它是宝树了吧！

树能产糖吗？

一提到甜味，大家很自然就会想起白糖、红糖、葡萄糖、果糖等。它们多数来自植物的根、茎、叶、果。在加拿大，有种能产糖的树，小朋友们听说过吗？

那就是糖槭树，也就是我们常说的枫树。糖槭树的树干内有丰富的淀粉，冬季来临时，淀粉便转化为糖，然后储存在木质部的树液里。到了春天，温度升高，树液开始流动，糖就会转变成甜甜的树液。从糖槭树上得到树液也很简单，只要在树干上钻一个小洞，那甜甜的树液便流出来了。

糖槭树的产糖量极高，每一株能够连续产糖50年，有的可达百年呢。并且，糖槭树的糖分营养价值很高，能够润肺、开胃哦。所以，加拿大人对糖槭树疼爱有加，就连国旗上都有糖槭树叶子的形状呢！

为什么说有的植物能独木成林？

俗话说得好，独木不成林。但大自然中也有例外，就比如榕树。榕树生活在热带地区，它的树冠很大，在植物界中很稀有。小朋友们，有的榕树的树冠比半个足球场还要大呢！

走近榕树，你会为它的庞大而折服，它的枝叶十分茂密，树枝下面长出了许多"气生根"。这些气生根有的扎根在泥土中吸收水分和营养物质，有的悬挂在空中，吸收空气中的水分，使植株源源不断地生长。绝大多数的气生根形成支柱根，支撑着庞大的树冠，就好像树干似的。

据统计，一棵大榕树的支柱根可达4000多条呢。正是因为这些支柱根，榕树才能独木成林，树冠才能不断向四周发展。瞧，一棵高龄的榕树，远远看去，就像一片森林呢！

有没有比钢铁还硬的树木呢？

如果说有一种树木比钢铁还要坚硬，你们会相信吗？事实上的确有这样的树呢，它就是有着世界上"最硬的树木"之称的铁檀。那么，铁檀到底有多坚硬呢？

一般的树木被子弹打中后，都会穿出个洞，但是打在铁檀上，就好像打在了钢板上一样，几乎没有痕迹。据悉，铁檀的硬度是橡树的3倍，比普通的钢铁都要硬，所以是钢铁的替代品，常常用在国防上。

智慧大本营 ↑

铁檀大约有20米高，直径在70厘米，它能够活到300多岁呢！通常情况下，树皮都是暗红色或接近黑色，上面布满白色斑点。

小朋友们，钻石是矿石中最坚硬的，那铁檀就是木材中的金刚钻！

为什么笑树会发出"笑声"？

不开心时，我们会沮丧；伤心时，我们会哭泣；而高兴时，我们则会哈哈大笑。我们之所以有这些反应，全都依赖于情感。比较有意思的是，有一种树木也能发出笑声，它就是笑树。

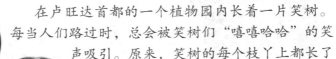

在卢旺达首都的一个植物园内长着一片笑树。每当人们路过时，总会被笑树们"嘻嘻哈哈"的笑声吸引。原来，笑树的每个枝丫上都长了一个形状像铃铛的果子，也就是皮果，果子上布满了小孔，里面有许多滚动的小珠子——皮芯。每当微风吹过笑树林，果子里面的皮芯相互滚动、摩擦，发出好像笑声的声响。

嘻嘻哈哈～～

小朋友，只要我们细心观察，那么笑树会"笑"的秘密就会不解自开哦。

梓柯树为什么会灭火？

起火时，我们会用水泼，或者使用灭火器。那要是成片的梓柯树着火了，怎么办？小朋友们不用着急，因为它会自己灭火呢！

梓柯树又叫作"灭火树"，它的叶子十分茂盛，有个馒头大的节苞藏在了树杈间。节苞上布满了密密麻麻的小孔，里面装了许多透明的汁液。

当节苞遇上烈日或者火光时，汁液就会从小孔中射出来，像水枪一样。

神奇的是，汁液中含有四氯化碳，火焰遇上它，立马就灭了，简直比灭火器还顶用呢！

猴面包树会不会产面包？

有一种树木，每当果实成熟后，猴子们会成群结队而来，把它当成家，它就是"猴面包树"。那么，这种树是不是如它的名字一般会结出面包呢？

当然不会。猴面包树的树冠很大，枝杈千奇百怪，远远看去，就像个"倒栽葱"。值得说的是，它的树干特别粗，直径可达12米呢！需要几十个人手牵手才能把它团团围住，而它只有10多米高，看上去就像个大胖子。

猴面包树的果实有足球那么大，味道甘甜且多汁，是猴子、大象等动物十分喜爱的食物哦！

猴面包树不仅长在非洲，在地中海、大西洋、印度洋等岛屿上也能看到它们的身影，不管长在什么地方，猴面包树的木质上都有许多孔。倘若对着树干开一枪，子弹能完全穿过去呢！

什么是生态系统？

我们生活在地球这个大环境中，也处在最大的生态系统——生物圈内。那生态系统具体是什么呢？

其实，它是指生物群落和无机环境构成的统一整体。生态环境的范围可大可小，既简单又复杂。比如先前说的，最大的生态系统是生物圈，它包括各种动物、植物、微生物等；最为复杂的生态系统是热带雨林系统。人类生活在人工生态系统中，主要以城市和农田为主。

生态系统是开放性的，为了维持系统内的稳定，需要不断地输入能量，不然就会系统崩溃。而生态系统内有许多不断循环的物质，比如碳循环、水循环、空气循环、食物链循环等。

什么是生态平衡？

生态平衡是指在一定时间内生态系统中的生物和环境之间、生物各个种群之间，通过能量流动、物质循环和信息传递，使它们相互之间达到高度适应、协调和统一的状态。

在生态系统中，生物与生物之间相互联系，生物与环境之间息息相关。只要某一生物灭绝，或者某一环境被破坏，那么生态系统便会失去平衡。比如全球生态系统，如果世界上的人口数量达到一定高度，就会导致资源短缺、粮食不足等问题。又比如，森林内的树木减少，动物的栖息地也随之减少，加上食物缺乏，动物的数量会逐渐减少。长久下去，这些生态系统将会崩溃。

小朋友们，一定要爱护我们赖以生存的地球家园啊！

维护生态平衡为什么至关重要？

想让天平保持平衡，那就必须保证天平两边的质量相等。咱们的生态系统是个大天平，一边失衡，另一边也会失衡。而生态系统失去平衡后，造成的后果不堪设想。

在20世纪50年代，人类大量地捕杀麻雀，几年后，出现了严重的虫灾，农作物损失巨大。后来，科学家们发现，麻雀是害虫的天敌。大量捕杀麻雀导致害虫大肆繁殖，接着便出现虫灾，最后农田绝收。

生态系统的平衡是大自然长期建立起来的，一旦被破坏，那将很难重建，造成的恶果可能是人类无法弥补的。所以，维持生态平衡至关重要，我们不能轻易去破坏它。

造成水土流失的原因是什么？

黄河断流，很大原因是水土的流失。黄土高原，那一望无际的黄土地貌，也是因为水土流失造成的。那么，什么是水土流失呢？造成水土流失的原因又是什么呢？

水土流失是指在水力、风力、重力等外力的作用下，水土资源和土地生产力遭到破坏和损失，其中包括地表侵蚀和水土损失。

水土流失的原因分为自然原因和人为原因。在自然状态下，纯粹的自然因素，如地貌、气候、植被等引起的地表侵蚀很慢；而人类的破坏是水土流失的主要原因，比如不合理的生产建设、对植物乱砍滥伐、草原的过度放牧、修路、开矿等。

小朋友们，我国现在是世界上水土流失严重的国家之一，保护水土资源人人有责。

泥沙径流

表土层

心土

微量清水入河

河流

地下水

隔水层

房屋着火可能会造成财产损失、人员伤亡等危害，而森林火灾的危害更大，比如会烧死许多珍贵的植物和动物；燃烧的树木化为烟灰，能严重污染环境等。说了这么多，大家可能会疑惑，森林火灾是怎么发生的呢？下面我们就来说说。

森林起火必须满足三个条件。第一，要有森林可燃物。要知道，森林内有许多可燃物，比如树木、杂草、枯叶等，就连地下层的泥炭、腐殖质都是助燃物质呢！第二，要有充足的氧气。通常情况下，空气中有21%的是氧气，氧气充足时才能维持燃烧，而当氧气的含量低于14%～18%时，燃烧就会停止。第三，要有火源。森林内可燃物的燃点各不相同，只有达到了燃点才能起火。比如杂草，它的燃点在150～200℃、木材的燃点在250～300℃。当这三者都凑齐了就会发生森林火灾。

小朋友们，咱们绝不能让这三个"家伙"聚在一起哦！

智慧大本营 ↑

火源可分为自然火源和人为火源。自然火源指的是雷击火、火山爆发、损伤掉落摩擦起火等；人为火源指的是人类不慎用火，而这其中又分为生产性火源（如烧荒、烧防火线等）和非生产性火源（如取暖、吸烟等）。

为什么建立自然保护区十分重要?

保护自然人人有责,所以现在很多地区都建立起了自然保护区。

其实呀,大自然给予了每一种生物存在的意义,但因为人类的过度发展,许多地方生态环境被破坏了,导致众多动物和植物消失在了历史的舞台上。为了防止更多物种濒临灭绝,科学家们根据每个国家的状况,建立了各种各样的自然保护区。

这不仅能保护那些濒临灭绝的动植物,维护生物多样性,更能维持生态系统平衡,为人类自己的发展提供了自然资源。

黄河为什么会断流?

黄河是中华民族的摇篮,更是中华民族的母亲,它哺育了无数代华夏人,孕育出古老而又神秘的华夏文明。然而,近些年黄河总是会出现断流,这是为什么呢?

其实,主要还是人类自己造成的。在历史上,黄河流域曾经是树木茂密的地区。千百年来,由于人类不断地砍伐森林、开垦土地,黄河流域水土大量流失,蓄水能力大大减低,严重破坏了自然生态平衡。

小朋友们,每个人都有责任保护和节约水资源哦!

植树造林有什么意义？

3月12日是我国的"植树节"，每到这天，人们便携带树苗，挖下一个个坑，将它们种植起来。希望以后长成参天大树，造福我们的子孙后代。小朋友们，国家设定这个日子，足以说明植树造林的重要性。那植树造林对我们有什么好处呢？

首先，植树造林能够净化空气，减少噪声，为人类提供大量氧气，另外还能美化环境，维持生态环境平衡。为人类提供一个良好的学习、工作、娱乐、生活的场所。

其次，植树造林能有效地治理水土流失和土地沙漠化。瞧，那大片的木林仿佛是一道道保护墙，能够减弱沙尘暴的力量。同时，也满足了人类需求，为人类生活和农业生产提供了丰富的原料。比如水果、药材等。

总之，植树造林的好处实在太多了，希望小朋友们也能多植树、植好树！

智慧大市营

绿色植物有着"天然除尘器"之称，这是为什么呢？因为树叶上长了许多细小的茸毛，能够吸收有害细菌、病毒等物质，还能减少空气中的尘埃。据统计，1公顷大的草坪每年能吸收30吨以上的烟尘呢！

树干为什么要刷上石灰水?

在城市内，树干常常被刷成白色，远远看去，既整齐又漂亮。小朋友们，其实这白色的东西是石灰水哦。那么，树干为什么要刷上石灰水呢?

石灰能够把寄生在树皮上的细菌、真菌、害虫统统杀死。而且，害虫们喜欢黑色、肮脏的环境，它们不喜欢白色、干净的地方。所以，给树干刷上一层雪白的石灰水，这就能防止害虫们来捣乱啦。

最重要的是，石灰是白色的，它能够反射大部分的阳光，这样使树干白天和晚上的温差减小，不会因为一冷一热而受伤。

为什么不能在某一地区随便引入新物种?

地球上的各种生物都是相互依存、相互制约的，这是自然界的规则。没有这种相互依存的关系，那任何一种生物都难以存活。咱们的生态系统是平衡的，一个新物种的进入，很有可能扰乱生物间的平衡，破坏生态系统，最后造成的损失和混乱是人类难以承受的。

曾经，我国有人引进南美的福寿螺，放入水稻田内养殖，结果螺丝大量繁殖，不仅自家的稻田被蚕食了，而且还连累了别人家的稻田。由此可见，在一个地区不能随便引入新物种!

温室效应是怎么回事？

温室效应，其实就是大气保温效应的俗称。那温室效应具体是怎么一回事呢？

小朋友们，咱们的地球外有一层大气，太阳短波热辐射经过大气到达地面，但是地球表面向外放射出的长波热辐射却被大气吸收，这就使地球表面到大气层之间的温度升高，这与栽培农作物的温室很相似，所以称这种现象为"温室效应"。

而造成温室效应的原因有很多，比如现代社会燃烧了大量的煤炭、天然气、石油等物质，排放出了大量的二氧化碳，最后导致气体进入大气层。二氧化碳具有吸热、隔热的作用，无形中给地球罩上了一个玻璃罩，使太阳辐射到地球的热量没有办法反射到大气层外。结果，地球的体温就慢慢变高了。

因此，人们也把二氧化碳称为"温室气体"，谁让它是导致温室效应的罪魁祸首呢？

地表长波辐射

太阳短波回返辐射

CO_2、CH_4、NO_2、H_2O……

增温效应

地表吸收

聚集在空中的二氧化碳像一个玻璃罩

127

汽车尾气也会伤害植物吗？

当汽车启动时，黑色的尾气弥漫在空气中，一股刺鼻的气味扑面而来。小朋友们，汽车尾气其实就是从排气管中排出来的废气，它不仅对人有危害，对植物也有伤害呢！

不信的话可以观察公路两旁的植物。许多植物的叶片上或多或少有坏死斑块，一些农作物，比如马铃薯、小麦、洋葱等，有的植株的表面变成了黑色、紫色、褐色等，有的叶片稀疏，果实更是少得可怜。其实，这些都是汽车尾气带来的危害呢！

科学家们研究发现，尾气中的二次污染物臭氧、过氧乙酰硝酸酯都是有害的，可以使植物的叶子出现坏死病斑和枯斑；而尾气中的乙烯能够影响植物开花结果。另外，不同的植物对抗汽车尾气的能力也不同，比如甜菜、菠菜、西红柿等植物，当吸收的汽车尾气达到一定量时，不仅减产，甚至还会死亡呢！

汽车虽然是人类不可缺少的交通工具，但它排放出来的尾气真让人头疼啊！

植物为什么能监测大气污染呢？

一场酸雨过后，许多东西都会被腐蚀，而形成酸雨的直接原因就是大气污染。监测大气污染时，我们可以使用精密的仪器，也可以使用天然的植物呢！那么，植物为什么能监测大气污染呢？它是怎么监测的呢？

绝大多数的植物对有害气体很敏感，因为植物的茎和叶上有许多我们肉眼看不见的气孔，气孔一直在进行呼吸作用和光合作用，并从大气中吸收气体。如果大气被污染了，植物吸收的就是污染气体，久而久之，污染物越积越多。当达到一定程度时，植物的根、茎、叶、果实都会表现出不正常的症状，比如根部腐烂、叶子上出现斑点、植物普遍矮小、果实产量低等。

小朋友们，这下你们还质疑植物监测大气污染的本领吗？了解这些知识后，我们可以根据植物不正常症状的严重性来判断大气污染的程度哦！

智慧大本营 ↑

能够监测污染物的植物多种多样。比如烟草、葡萄，它们能够监测臭氧的含量；而莴苣能够监测过氧乙酰硝酸酯物质；紫花苜蓿、芝麻、苔藓等可以监测二氧化硫；杏树、杉树可以监测氟化氢；就连咱们常吃的西红柿都能监测乙烯呢！

我们为什么不能随便焚烧枯枝落叶？

小朋友们，当一些人在户外焚烧枯枝落叶时，是不是有环保人员跑过来说："不要烧，不准烧。"那么，你们知道原因吗？

枯枝落叶的燃烧都是不完全燃烧，它们在燃烧时会排放出大量气体、液体和固体有毒物质。焚烧枝叶产生的有害气体有一氧化碳、二氧化碳、甲烷等；液体物质有酸雾等；而固体则有粉尘、炭黑等。当这些物质被人体吸收后，会产生极大的危害。同时也会造成各种污染，并且容易引发火灾。

所以，我们不能随意焚烧枯枝落叶，应该集中起来，交由环卫部门统一处理。

什么是资源的可持续发展？

很多人认为地球资源是无限的，可以随意地开采。其实，这种观点是错误的，如果不去限制，不仅会破坏生态系统，而且也会使人类受到大自然的惩罚。于是，人们提出了资源可持续发展的战略。那么，什么是资源的可持续发展呢？

世界环境和发展委员会在《我们共同的未来》公告中对"资源的可持续发展"下了定义：可持续发展是既满足当代人的需要，又不牺牲后代人满足他们需要的发展。

所以，对于无法再生的资源，比如石油、天然气等，我们不能没有节制地使用，需要减少消耗，开发可替代的能源。对于可再生资源，比如土壤、森林、草原、海洋等，我们就该积极保护，以保障长期使用。

地球只有一个，只有保住了地球资源，人类才能生生不息地繁衍下去。

植被是怎样调节气候的?

　　地球可分为两部分，分别是海洋和陆地。海洋很坚强，它日晒不干，雨淋更欢。可陆地不同，一旦长时间不下雨，就会出现干旱；如果老是暴雨不断的话，又会出现水灾。好在陆地上的植被能调节气候。

　　因为植被就像一床大"被子"，它能够保护着地球！天气炎热时，植被可以减少水分蒸发，从很大程度上避免干旱；下暴雨时，植被又成了"雨伞"，大大减轻了雨水对陆地的冲刷，防止水土流失。除此之外，植被还能挡风呢！

　　小朋友们，毁树容易栽树难，一棵树要长成，需要几十年的时间呢！所以，保护好植被，每个人都需要参与！

智慧大本营 ←

　　植被分为自然植被和人工植被。自然植被除了森林，还包括由许多植物组成的植物群落，比如草原、灌木丛、荒漠、草甸、沼泽等。而人工植被主要指农田、果园、草场、人造林和城市绿地等。

为什么会刮沙尘暴?

人们在沙漠中总是找不到方向，因为沙丘总是千变万化的。狂风会把沙丘吹散，把沙子带到沙漠别处，形成不同的沙丘呢！有时候，沙尘也会随风飞到都市内，也就是我们常说的沙尘暴。

沙尘暴其实是一种灾害性的天气现象，有风有沙才能称为沙尘暴。沙尘暴是怎么产生的呢？由于人类活动及以地球气候变迁导致森林退化、草原荒漠化严重。缺少了森林的阻挡，干旱、半干旱地区的风更加猛烈，将沙土和尘埃等卷入高空形成沙尘暴。

沙尘暴虽然霸道，但是并不是所有有风的地方都能发生哦！小朋友们，如果不想见到它，那就赶紧多植树造林吧！

智慧大本营

据统计，沙尘暴中至少有38种化学物质，不仅对大气造成严重的污染，也给土壤和农作物造成长期的危害，比如水土流失、农作物锐减、土地贫瘠等。当然，沙尘暴还致使建筑物倒塌，人类吸入沙尘后，也会影响身体健康呢！

我国北方的春天为什么风沙特别大？

每到春天，我国北方的天空中弥漫着风沙，让原本明媚的春光黯然了许多。这沙尘究竟是从哪儿来的呢？为什么北方的春天风沙特别大？

我们打开地图会发现，华北地区的西边是黄土高原，而西北方向则是著名的戈壁沙漠。众所周知，这两个地方的土壤疏松，很容易被风卷到空中。每当西北风吹过黄土高原和戈壁沙漠，便会携带大量的沙土飞向华北平原。同时，春季的华北地区雨水少、风势大，也有一部分的风沙来自于当地。

小朋友们，两股风沙汇聚在一起，北方春天的风沙当然大啦！

南方的风沙为什么比北方的风沙弱?

在春天，每当刮起西北风时，北方的人们外出时总会戴上口罩，不然说话的时候会吃沙子呢！事实上，不仅我国北方会刮风沙，就连南方也有哦！小朋友们，如果你在天色灰黄、太阳模糊、空中还有一些细沙的日子出行，回来后会发现自己的衣服上蒙着一层细沙。不过，南方的风沙比北方的风沙弱许多，这是什么原因呢?

原来呀，南方的风沙也来自北方的戈壁沙漠和黄土高原。西北风把一些细小的黄沙带到了高空，这些黄沙又随风飞到我国南方。只不过南北两地的路程遥远，风中的黄沙在去南方的途中越来越少。另外，南方的风又弱，空中的黄沙就更少了！

怎么样? 这下明白了南方风沙弱的原因了吧！

我国农村为什么要大力发展沼气池?

在乡村地区，由于人们过度地使用化肥和农药，造成了许多污染，比如水源污染、土壤污染、垃圾污染等，这不仅威胁着广大农民的身体健康，也可能通过大气、水和农作物影响到城市人们的生活呢！为了解决这个大难题，国家提倡农村大力发展沼气池。沼气池有什么作用呢?

当人们往沼气池内放入秸秆、粪便、杂草等污染物后，细菌会将它们转化成甲烷。这是一种重要的能源，比如农民们的日常用电、做饭、养殖等都可依靠甲烷呢！所以，农村大力发展沼气池，既可以为农民提供清洁的能源，又能减少农民的生活支出。最重要的是可以减少污染，保持生态系统平衡哦！

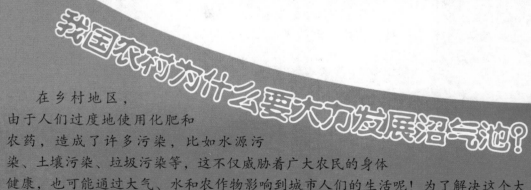

防护林为什么是人类的"绿色长城"？

万里长城是咱们的先辈用一块块方砖砌成的，多少年来，它抵御外敌、保护家园。而人们在平原地区、台风多发地带和沙漠化地区种下的一棵棵树苗，长成后就是一片片防护林，也被称为"绿色长城"！这个"长城"有什么作用呢？

风的破坏力很大，它不仅能把大树连根拔起，也能摧毁我们的家园。而土地沙漠化淹没了土地，压缩了我们的生活空间。有了防护林，这些灾难的破坏力度大大减弱了。防护林可以降低风速，抵御沙尘暴。当强风吹到防护林中，风力会被一排排树木分割，最后减弱，而风携带的沙尘也会成为一盘散沙。

瞧，沙尘暴过后，防护林的叶片上都盖着一层厚厚的沙尘呢！"绿色长城"这个称号真是名副其实！

135

为什么要保护热带雨林？

可可

热带雨林占地球森林面积的一半，它分布在赤道两侧。小朋友们，每一片热带雨林都需要人们保护呢，你们知道原因吗？

热带雨林内生长着各种各样珍贵的植物，比如经济作物可可、金鸡纳树、三叶橡胶等，能够为人类带来经济效益；热带雨林的雨水充足，一旦树木被破坏，会引起水土流失，导致环境恶化，难以恢复；雨林内的植物对维持大气中氧气和二氧化碳的平衡有重大作用，可以直接影响全球气候呢！最重要的是，它能够保持生物的多样性，维持生态系统平衡。

这下大家知道热带雨林的重要性了吧？而保护它的关键在于我们人类呢。

割取橡胶

臭氧是怎样伤害植物的呢？

人们对"臭氧"这个家伙真是又爱又恨呢！为什么这么说呢？因为臭氧可以吸收对人体有害的短波紫外线，但是它对植物又有很大的伤害！可能有人会问了，臭氧是怎样伤害植物的呢？

首先，我们都知道，植物的生长少不了光合作用，而光合作用主要发生在叶绿体内。高浓度臭氧能够关闭叶面上的气孔，减少叶绿素的生成，因此抑制了植物的光合作用，使植物生长缓慢。

其次，植物的体内有无数的细胞，而细胞壁、细胞膜、细胞质和细胞核是组成细胞的重要组织，它们的存在都有各自的用处。细胞膜可以让水和营养物质在细胞中进进出出，但是臭氧能够损害细胞膜，造成细胞内的物质外渗，最后使细胞死亡，而植物也会慢慢地死去。

O_3

为什么要保护地下水？

在现实生活中，我们时刻与地下水接触，比如城市生活用水、工业用水、农田灌溉等。但随着经济的发展、人口的增加，地下水的污染程度日益严重。同时，地下水和地表水不同。地下水不直接受大气降水的影响，只在地下流动，几乎不接触阳光，所以地下水的自净能力差，生物净化过程难以进行。

小朋友们，地下水受到污染之后，它恢复的时间相当长呢！因此，为了我们的生存环境，保护地下水的工作迫在眉睫。

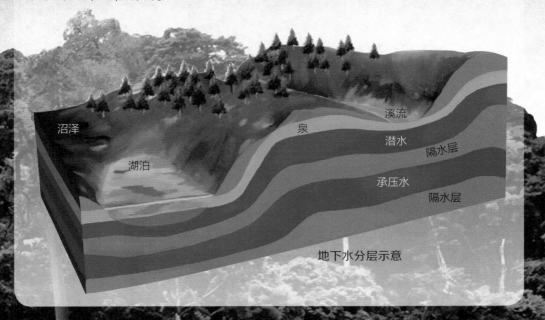

沼泽

湖泊

泉

溪流

潜水

隔水层

承压水

隔水层

地下水分层示意

137

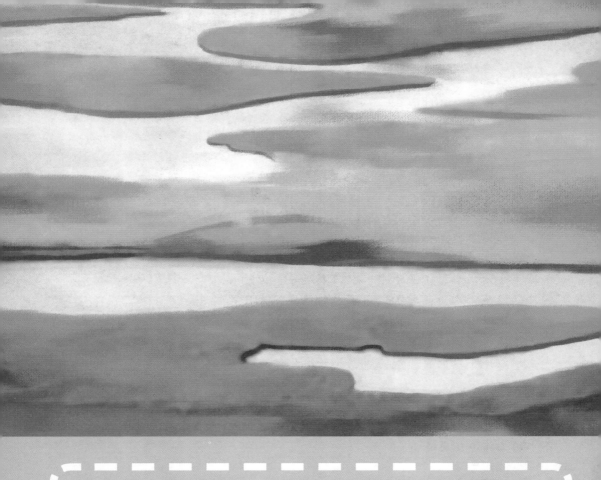

围湖造田有什么危害？

  在一些湖泊边缘的田地中，如果仔细找找的话，你会发现很多的螺蛳壳、贝壳，这是为什么呢？其实，这是因为湖水水面下降后，人们与湖争地，改为农田，浅水区的螺蛳壳、贝壳等就遗留在田地中了。虽然，围湖造田给我们带来更多的粮食，但它带来的危害也不能轻视。

  首先，随意开垦、围湖造田使湖泊的面积越来越小，加快了湖泊沼泽化的进程。另外，地表径流的调蓄功能也会出现障碍，最后发生洪涝、干旱等灾害，接受苦果的还是人类。

  其次，田地中使用的农药会随着雨水流入湖泊。由于湖泊面积减少，污染更加严重，不仅使鱼的种类和数量减少了，连生物净化水源的能力也减弱了呢！同时，人类饮用被污染的水后，给身体健康也带来了威胁。

黄河为什么会成为"地上河"？

黄河是华夏的母亲河，它哺乳了无数代人。可是，如今的黄河"乳汁"不断地减少，更是成为了"地上河"。小朋友们，你们知道是什么原因促使黄河成为"地上河"的吗？

原来呀，黄河发源于青藏高原，上游流速很快，当经过植被少、土质疏松的黄土高原地区时，大量的泥沙被带到了下游。下游经过华北平原流速减慢，泥沙便堆积在河床上。经过几千年的泥沙沉淀，河床越来越高，地上河就此形成了。

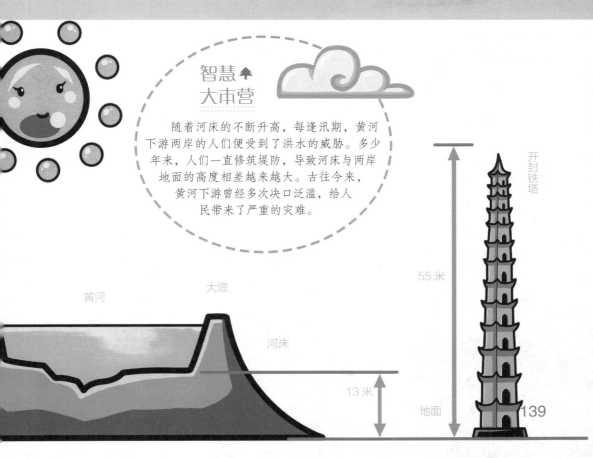

智慧大本营

随着河床的不断升高，每逢汛期，黄河下游两岸的人们便受到了洪水的威胁。多少年来，人们一直修筑堤防，导致河床与两岸地面的高度相差越来越大。古往今来，黄河下游曾经多次决口泛滥，给人民带来了严重的灾难。

开封铁塔

55米

黄河

大堤

河床

13米

地面

139

森林破坏后为什么
容易出现水旱灾害?

有人说，森林是一个纯天然的绿色水库。因为它能够调节水分、蓄水保土。森林被破坏后，十分容易出现水灾、旱灾，这是为什么呢?

据统计，森林地区的降水几乎都被森林吸收了，比如树冠能吸水，树林内的枯枝落叶也能吸水。这些水，一部分供植物生长，一部分蒸发掉，余下的都储存在地下，成为地下水。经过土壤层过滤，地下水又成为了清水，要么流向下坡，要么流出地面。如果森林被破坏了，大雨一来，无森林蓄水，水土便会流失，有的地方还会形成泥石流，甚至是洪灾;一直不下雨的话，土壤将变得贫瘠，出现旱灾。

小朋友们，"青山常在，绿水长流"这句话还是挺有道理的呢!

蒸发

吸收

蒸发

地下水

草原真的会退化成沙漠吗?

小朋友们，还记得"野火烧不尽，春风吹又生"这句诗吗? 这是大诗人白居易写的，主要说明了野草具有顽强的生命力。所以，很多人认为咱们的大草原是永恒的。其实，这个观点是错误的，殊不知，地球草原正一步步地消失呢!

在很久以前，草原上的草枯萎后，春天又会长出来。可自从人类在草原上放牧后，草原便遭到了破坏，就连草根也被马儿、羊儿吃了呢! 草原来不及长出新草，人们又不停地放牧，久而久之，草地慢慢变成了空地，接着水土流失，最后变成了沙漠。

草原是地球美丽的皮肤，如果再不保护草儿们，那么地球将会变成"黄皮肤"，成为一个沙漠星球哦!

我们为什么要拯救珍稀濒危植物？

许多稀奇古怪的植物，咱们只能在影像中看到，因为现实中已经灭绝了。小朋友们是否觉得很可惜呢？

现如今，加入珍稀濒危名单的植物越来越多，拯救行动刻不容缓！或许大家会问，为什么要拯救这些珍稀濒危植物呢？

首先，珍稀濒危植物中有许多是名贵的药材和香料，是工业生产的原材料。

同时，珍稀濒危植物有很高的科学研究价值。比如有着"活化石"之称的银杏，通过它可以得到远古时代的环境、气候、地质等信息。其次，一些植物的灭绝，会引起其他植物的灭绝，最后给人类带来绿洲沙漠化、风灾、干旱、水灾等危害。此外，随着人口增长，资源出现短缺，珍稀濒危植物能够促使人类研究出新物种，满足人类需求。

每一种植物都有存在的意义，那些不起眼的植物说不定在将来也会成为宝贵资源呢！

城市里为什么要禁止燃放烟花爆竹？

逢年过节，我们都会听到爆竹声，那一朵朵灿烂的烟花在夜幕下绽放，十分美丽。可现在一些大城市却规定要禁止燃放烟花爆竹，这是什么原因呢？

放烟花、燃爆竹在我国有着几千年的历史，为的是增加喜庆日子的欢乐气氛。可是，爆竹爆炸后带来的污染十分严重，不仅能产生二氧化碳、一氧化碳、二氧化硫等气体，还能产生带有金属氧化物的粉尘。这样会污染空气，当人吸入这些气体后，对身体健康也会有不好的影响。另外，爆竹爆炸后会留下碎纸屑，影响清洁卫生；那震耳欲聋的爆炸声也成了生活噪声。有时，爆竹的火花还会引起火灾呢！

因此，城市禁止燃放爆竹其实是对环境的保护，也是维持人民正常生活秩序的有力手段。

智慧大本营

爆竹其实就是黑火药，它含有硫黄、硝酸钾、木炭粉，有的还会加入氯酸钾。烟花的成分就比较复杂了，里面加入了铁粉、铝粉、镁粉以及无机盐等物质，而它五彩缤纷的颜色则与金属盐有关，比如加入锶盐使火焰呈红色；加入钡盐使火焰呈绿色。

在街道上，人们经常能看到两个垃圾箱靠在一块，像双胞胎似的。不过，仔细观察后，就会发现不同之处。一个垃圾箱上有着"循环箭头"的标记，另外一个有着"不循环箭头"的标记。其实，这是最简单的垃圾分类，前者是可回收垃圾，比如易拉罐、废纸箱等；后者为不可回收垃圾，比如剩菜、果皮等。那么，垃圾分类对我们而言有哪些意义呢？

垃圾分类就是把垃圾归类，并通过回收和清运成为新资源。告诉你们哦，可回收的垃圾不是送去了清理场，而是送去了工厂。这样既能节省土地，又能避免因填埋、焚烧时而产生的污染，真是一举多得啊！

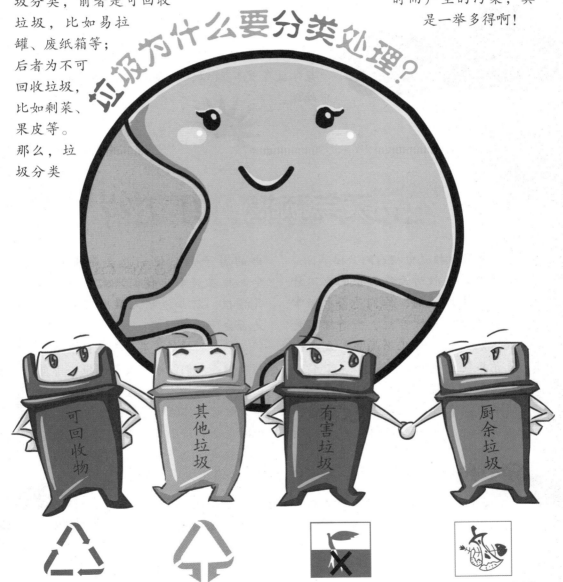

垃圾为什么要分类处理？

可回收物　　其他垃圾　　有害垃圾　　厨余垃圾

我们为什么要回收废旧电池呢?

别看电池个头小,事实上,它是个破坏力十足的家伙。小朋友们知道吗?

一节一号电池可以使1平方米的土壤失去农用价值,而一粒纽扣电池可以污染一个人一生的用水量。此外,废旧电池内的铅能破坏血液循环系统和消化系统,而镉则是危害最大的,它能使人肾衰竭、骨头软化,甚至是致癌。

废旧电池不仅污染环境,更威胁着人类的身体健康呢!所以,需要把它们回收起来,集中处理。

锌 镍 镉 汞 铅 铜

发布天气预报有何意义?

天气预报是电视台的必播节目,每天收看、收听天气预报的人不计其数。小朋友们,你们是否也经常看到爷爷拿着收音机,听着播报员说这儿天晴、那儿下雨呢?发布天气预报究竟有什么意义?

人们常说"天有不测风云",说的就是天气变化无常。古时候,人们只能根据一些动物的习性判断会不会下雨,比如燕子飞得低、蚂蚁搬家等。所以,一些外出的游子们,他们总会带上一把伞。现在好啦,我们只需听一听天气预报,就知道明天温度有多高、是否会下雨等信息。

随着科技的发展,天气预报越来越准确。人们能根据天气预报安排自己的事,比如冰雹天气,农民伯伯会事先做好农作物的防护工作,人们外出时也会加倍小心。所以,天气预报不仅能减少经济损失,还对人们的生命安全负责呢!

高楼的玻璃墙也有危害吗？

一些高楼大厦为了高度采光，便把砖墙换成了玻璃墙。瞧，看上去既霸气，又好看。但是，玻璃墙也有危害呢。

有些高楼的年代较久，玻璃墙容易老化，如果掉落下来，很容易砸到行人；设计不恰当的话，玻璃墙会变成聚光镜，发生火灾在所难免；最重要的是，玻璃墙会造成光污染，给人们带来很大不便，造成人体不适。

智慧大本营 ◆

光污染能影响人体健康和视觉环境。光污染源有很多，比如纸张、墙面涂料反射出来的光，路边玻璃、汽车尾灯发出的"光芒"等，这些常见的光污染可导致行人产生晕眩感、眼睛酸胀，一些夜间不合理的灯光也能造成人体不适。

汽车是人们出行的交通工具之一，随着汽车的普及，各种污染危害扑面而来。先前我们明白了汽车尾气对植物有危害，事实上它的破坏力不止如此，大气中的污染物成分与汽车尾气中的物质几乎都能对号入座！

汽车尾气会对大气造成哪些污染？

大气中的污染物有哪些呢？比较常见的有悬浮颗粒物、二氧化硫、一氧化碳、氮氧化物、臭氧、铅等。而汽车排放出来的废气有一氧化碳、氮氧化物、铅、苯以及一些悬浮颗粒物。

小朋友们，咱们拿大气污染物和汽车污染物对比一下，不难看出汽车尾气对大气造成了哪些污染。

酸雨是怎么回事？

下雨天很常见，但是下的雨水是酸酸的，那就古怪了！我们把这种雨水呈酸性的天气称为"酸雨天气"。那么，酸雨是怎么形成的呢？

我们的工业每天都在发展，每天都会使用大量的石油、煤炭等化学燃料，这些物质燃烧后会产生硫氧化物、氮氧化物，再经过大气反应，形成硫酸或者硝酸气溶胶，接着被云层吸收，变成酸雨降落地面。

酸雨是个超级恐怖分子哦，它能导致土壤酸化，使植物难以生长，并且出现多种病害。最危险的是，它能够腐蚀建筑材料，比如混凝土、砂浆等，而使建筑物出现裂缝和空洞，给人类带来安全隐患呢！

智慧大本营

怎样防治酸雨呢？我们可以从两个方面说起。首先，社会角度。开发新能源，比如太阳能、潮汐能、地热能等，减少煤炭、石油的使用，而工业发展中产生的污染气体必须经过处理才能排放。其次，个人角度。出门时，应少开车，多乘公共交通工具；使用清洁能源。

「白色污染」是什么？

　　冬季来一场大雪，你会觉得很美丽，会和小伙伴们一起打雪仗、堆雪人。如果天空飘浮着的是白色的塑料袋和泡沫，你会有什么感想呢？同样是白色，但两者截然不同。前者是自然现象，而后者是人为造成的"白色污染"。

　　购物时，我们常使用塑料袋；吃快餐时，我们常使用一次性泡沫塑料盒、筷子、水杯，这些东西给人类带来了便捷，但又给人类带来了诸多不便。因为人们使用后往往随手丢弃，所以造成了白色污染。

　　白色污染大多是难以溶解、难以处理的，想要去除这种潜在危害，那就必须杜绝其源头。不用或少用一次性塑料物，用环保节能的物品来代替。

家居装修会造成污染吗？

家是港湾，每当人们疲惫了，都会回家休息。一个舒适温馨的家能给人带来开心，带来喜悦。所以，当人们有了自己的屋子后，都会装修，让家在视觉上美丽大方。刚刚装修好的屋子，人们不会立即去住，而是会放置一段时间，这是为什么呢？

因为装修会造成许多污染，带来多种危害。比如装修用的材料，像油漆、地板、壁纸、塑料等，这些材料散发出来的物质能刺激人的皮肤和神经系统；建材中含有苯、甲醛等有毒性的有机物，这些能破坏人体免疫、造血、消化等多个系统。

小朋友们，等你们有了新房子后，一定要从环保的角度来装修呀！

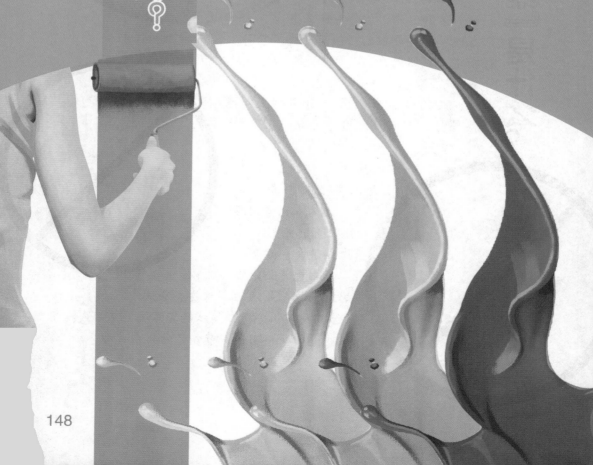

为什么有的资源不能再生？

地球只有一个，可因为人们随意砍伐、开采、开垦等，早已经变得千疮百孔。地球上有很多资源都是有限的，那些不可再生的资源都是地球演化过程中，在一定阶段、条件、地域下，经过漫长的积累而形成的。这类资源被用完后，要么再生速度缓慢，要么不能再生。

有哪些资源不能再生呢？比如天然气、石油、煤矿、铁矿等。以铁矿为例子，铁的形成相当漫长，大多形成于距今几十亿年的太古时代。而人类开采、消耗的速度很快，数百年、数十年，甚至是几年的时间就能采完一个铁矿。

小朋友们，我们等不到这些资源再生，为了咱们的子孙后代，一定要节约使用不可再生的资源哦！

工业 "三废" 指的是什么？

在我们周围，经常可以看见某个厂房的烟囱中冒出滚滚黑烟，而排水口流出来的都是五颜六色的污水，更夸张的是，厂房的垃圾发出阵阵刺鼻的气味。工业生产活动中，我们把排放出的废水、废气、固体废物称为工业"三废"。那么，这"三废"给人带来哪些危害呢？

工业"三废"中含有许多有毒、有害的物质，处理不当或没有达到处理标准就排放的话，就会污染环境，破坏大自然的平衡，影响农业生产和人体健康。比如，当人吸入有害气体后，会破坏呼吸道、消化道等系统；废水排入江河湖海，会影响到我们的生活、生产用水，给我们带来潜在的危害。

水污染为什么会严重影响人类生存?

水是生命的源泉，如果没有水，动植物都难以生存。现如今，水污染日益严重，不仅破坏了环境，更威胁到人类的生存。

我们口渴时，需要喝水；妈妈做饭时，也要用水。污染的水进入人体后，会带来健康隐患。比如，含有病菌或寄生虫的污水，它会引发传染病或寄生虫病；含有重金属的污水，会引起骨骼突变、脏器衰竭、神经错乱，还会致癌，甚至是死亡。

当然，水污染带来的危害还有很多。在农业生产中，灌溉污水的农作物产量低、质量不高，大片的农田也会受到污染；水污染也会使大量的鱼儿、水生植物死亡，破坏生物的多样性等。

小朋友们一定要保护水资源啊！

小小的尘埃难道也会酿成大祸?

尘埃，就是飘浮在空气中的尘土。尘埃十分渺小，它们隐藏在空气中，悄悄地飘来，又偷偷地溜走。但是，我们可别小瞧尘埃，因为它的本事大着呢！

尘埃的来源太广，并且无孔不入。不仅室外有，室内也有呢！小朋友们，你们可以做个试验，在漆黑的室内打开手电筒，瞧，手电筒灯光内飘浮着的东西就是灰尘。当尘埃达到一定大小时，它就会失去"飞翔"的本领，掉落在食物、玩具上。人吃下后，很容易得肠道疾病；钻入鼻孔后，会引起呼吸道充血、咽喉不适等症状。

由此可见，尘埃真是个大祸害，害人不浅啊！

智慧大本营

有哪些方法可以除尘呢？我们在扫地的时候，可以先洒点水或是在地面撒些湿木屑，也可以用湿扫帚扫地。当然也可以用吸尘工具，比如电动净化器、家用除尘器等。

为什么伦敦烟雾事件中的烟雾会杀人？

小朋友们，伦敦有着"雾都"之称，而在几十年前，伦敦发生了一件"灵异"事件，很多人在烟雾中死去。难道烟雾真的会杀人？

当时，伦敦的天空灰蒙蒙的，气温急剧下降，烟雾瞬间弥漫整个都市。浓雾将伦敦团团围住，直到第五天才散去，不过却有几千人在浓雾中死亡。

其实，这些烟雾有些来自工业生产，有些来自汽车尾气，有毒气体经过一系列的反应后，形成了"硫酸雾"。人们吸入后，有毒气体和粉尘会黏在肺泡上，轻者不断咳嗽和流泪，而重者则会死亡。

如果再不注意保护我们的地球，将会出现越来越多的烟雾杀人事件。

为什么会发生地面沉降？

在我们的印象中，高楼只会越架越高，其实不然，随着时间的推移，它们有可能渐渐地变矮。这是地面沉降的缘故哦！也就是常说的地面下沉或地陷。我国有很多城市出现地陷的情况呢，其中以华北平原、长三角地区等地最严重。

那导地面沉降的原因是什么呢？可以从两个方面说起。首先是自然原因。比如地震、地壳运动，由于地面挤压会导致地面下陷或凸起。其次是人为原因。人们的随意砍伐、开采、建筑工程等会导致水土流失、土质松散、地下水抽空等，最后出现地面沉降。

如果地面一直在下沉，或许在多年后，我们的城市会消失不见。

地面沉降

地下水

151

核能为什么是清洁能源？

现在人们越来越提倡使用清洁能源。清洁能源在使用中不会排放出污染物的能源，比如可再生能源，像水力、风力、太阳能、潮汐能等。那核能算不算清洁能源呢？

核能属于清洁能源。物质是由元素组成的，元素是由原子核和外围电子组成的，原子核包括质子和中子。自然界中存在一些元素，它们的原子核很不稳定，可能会因为本身的质子和中子数量庞大，在接受新的中子之后，就分裂成了两个小的原子核，这叫作核裂变，而如果两个小的原子核碰到一起，组成一个大的原子核，就叫作核聚变。这两种过程都会释放出极大的能量，这就是原子能，也就是我们说的核能。使用核能来发电，不会排放污染物，也不会铲射干二氧化碳造成温室效应。

核能除了"爱干净"外，它做起事来也有效率！比如核燃料，它的能量密度是石化燃料的几百倍呢！

地热能

地球资源分为可再生资源和不可再生资源。在过去，人们使用的能源只有木柴、石油、煤炭、天然气等，这些能源或再生时间长，或不可再生。据统计，如果人们不节制，继续肆无忌惮地开采的话，几十年后便会消失。所以，人们不得不寻找替代能源，也就是开发新能源。

目前，人们开发出了多种新能源，比如太阳能、风能、潮汐能、地热能等，这些能源都是可再生无污染的，在今后，将会有更多的新能源被人们开发出来。

新能源？为什么要开发

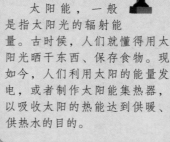

太阳能

潮汐能

智慧大本营

太阳能，一般是指太阳光的辐射能量。古时候，人们就懂得用太阳光晒干东西、保存食物。现如今，人们利用太阳的能量发电，或者制作太阳能集热器，以吸收太阳的热能达到供暖、供热水的目的。